Seltsame Schicksale eines alten preußischen Soldaten

Die höchst merkwürdige Lebensgeschichte des noch als Postmeister zu Ueckermünde im Königlich Preußischen Postdienst stehenden ehemaligen Premier-Lieutenants, zuletzt im 13.Infanterie-Regiment

Friedrich Wilhelm Beeger

Engelskirchen
2008

Bibliografische Information der Deutschen Nationalbibliothek:
Die Deutsche Nationalbibliothek verzeichnet diese Publikation in
der Deutschen Nationalbibliographie; detaillierte bibliografische
Daten sind im Internet unter http://dnb.d-nb.de abrufbar

Alle Rechte vorbehalten
Nachdruck, auch nur auszugsweise, verboten
Kein Teil dieses Werkes darf ohne schriftliche Einwilligung des Verlages in
irgendeiner Form (Fotokopie, Mikrofilm oder ein anderes Verfahren), auch nicht für
Zwecke der Unterrichtsgestaltung, reproduziert oder unter Verwendung elektronischer
Systeme verarbeitet, vervielfältigt oder verbreitet werden.
Paperback Ausgabe 00/2008
Copyright © 2008 by Fachverlag AMon
Printed in Germany
Druck und Bindung: Books on Demand GmbH D-22848 Norderstedt
AMon 00006
ISBN 978-3-940980-05-2
http: // www.FachverlagAMon.de

Vorwort

Schon seit mehreren Jahren beabsichtige ich, von vielen meiner Freunde und Gönner dazu ermuntert, meine Biografie herauszugeben, doch wurde ich bisher durch mancherlei Umstände an der Ausführung dieses Vorhabens behindert.

Nun ich endlich dazu geschritten bin, ist das Resultat der von mir in den weitesten Kreisen veranstalteten Subskription leider weit hinter meinen bescheidensten Erwartungen zurückgeblieben, ein Beweis, dass die gegenwärtigen Zeitverhältnisse auch meinem Vorhaben keineswegs günstig sind.

Wird nun der in den Subskriptionseinladungen angedeutete Zweck in der von mir erhofften Weise auch nicht erreicht werden, so habe ich doch von der Ausführung des inzwischen schon begonnenen Werkes um so weniger abstehen können, als mir von vielen Seiten versichert worden ist, dass mein Buch, wenn erst vollendet, in manchen Kreisen eine noch regere Teilnahme finden werde.

Indem ich dasselbe nun der Öffentlichkeit übergebe, sei es mir vergönnt, die geehrten Leser darauf aufmerksam zu machen, dass es keineswegs meine Absicht war, ein Werk von schriftstellerischer oder gar kriegsgeschichtlicher Bedeutung zu liefern. Hierzu fehlt es mir, der ich erst als Soldat Schreiben lernte, an derjenigen höheren Befähigung, die sich in späteren Jahren niemand mehr aneignen kann, dessen Erziehung und Bildung in der Jugend so vernachlässigt wurde, wie die meinige. Ich beschränke mich auf die einfache Erzählung meiner Erlebnisse und auf die kurze Anführung derjenigen historischen Ereignisse, denen ich entweder beiwohnte oder die doch auf die Entwicklung meiner Lebensverhältnisse eingewirkt haben.

In der Erzählung meiner Jugendgeschichte sowohl, wie auch meiner späteren Erlebnisse habe ich manches unberührt gelassen, dessen Erwähnung mein Buch vielleicht interessanter gemacht haben würde. Nach reiflicher Überlegung habe ich mich dazu entschlossen, um meine Jugendgeschichte nicht auf Unkosten der Pietät, welche das Kind den Eltern schuldig ist, effektreicher zu machen, andererseits aber auch, um nicht durch die Erzählung von Abenteuern zu fesseln, durch die ich nach mancher Seite hin Anstoß erregen könnte.

Ueckermünde, im Monat Juli 1850
Friedrich Wilhelm Beeger

Vorwort zur Ausgabe 2008

Die hier vorliegende Geschichte eines Mannes aus einfachsten Verhältnissen ist letztmalig im Juli 1850 veröffentlicht worden. Auch nach mehr als 150 Jahren liest sich seine Lebensgeschichte wie eine Fabel, in der er von der Uniform eines Musketiers des *Ancien Regimes* im Laufe seiner Wanderung nach Hause in so viele steigt, dass man fast an einen Maskenball glauben möchte.

Dabei streitet er manchmal für Kaiser Napoleon, den er doch eigentlich als preußischer Untertan bekämpfen möchten, und oftmals gegen ihn. Aber immer hat er nur ein Ziel, egal mit welchen Schwierigkeiten und Mühsalen verbunden, nach Hause zu gelangen um in der preußischen Uniform die Schmach von 1806 auszuwetzen.

Das Manuskript wurde in eine zeitgenössische Rechtschreibung gesetzt und dort wo es notwendig schien, mit Fußnoten versehen. Zur besseren Vorstellung eines Angehörigen der Infanterie-Regiments *von Arnim* (Nr.13) wurden in der Anlage 1 und 2 zwei Uniformfarbtafeln des Künstlers J.B. Schiavonetti aus Berlin hinzugefügt, der die Uniform dieser Einheit im Jahre 1806 wiedergibt.

Engelskirchen, im Mai 2008

Alexander Monschau
Verleger

1. Kapitel
Meine Jugendzeit

Geboren auf einem Erbpachthofe bei der Stadt bei der Stadt Lippehne in der Neumark, sind mir diejenigen Annehmlichkeiten, welche wohlhabende Eltern ihren Kindern bereiten können, nur unbewusst zuteil geworden. Leider gingen sie für mich viel zu früh verloren durch das traurige Schicksal meiner Eltern, worin ja auch meine Kindheit innig verflochten war.

Der eheliche Unfriede, jener schreckliche Dämon des Familienglückes, hatte meinen Vater bewogen, sein Gut zu verlassen und seine Stelle als Oberfeuerwerker im 3. Artillerie-Regimente, das in Berlin garnisonierte, wieder einzunehmen. Meiner Mutter verblieb die Last und die Sorge der Wirtschaft, jedenfalls aber für sie zu schwer, denn nach einiger Zeit musste das Gut der Schulden halber verkauft werden.

Warum nun gerade unter solchen Umständen mein Vater seinen Abschied vom Regimente nahm und sich die geringen, aber sicheren Subsistenzmittel nicht erhielt, ist mir unbekannt. Er kehrte zu uns zurück; aber das Glück des ehelichen Lebens war für immer verschwunden und die Scheidung erfolgte.

Der Vater war nach gerichtlichem Erkenntnis verpflichtet, für mich und meinen Bruder, die Mutter für die Schwestern Sorge zu tragen. Kurz vor dem Beginn der Rheinkampagne hatte mein Vater, wohl gedrängt durch Nahrungssorgen, aufs Neue seine Wiederanstellung beim Regimente beantragt und aus Rücksichten für seine militärische Brauchbarkeit erhalten. Bevor er aber zum Regimente abging, hatte er die traurige Pflicht zu erfüllen, seinen beiden Söhnen ein Asyl außerhalb des elterlichen Hauses zu beschaffen, denn die Mutter konnte und wollte uns nicht länger bei sich behalten.

Nie werde ich den Tag der Trennung mit seinen Eindrücken auf mich vergessen! Keine Träne, kein Wort der Liebe begleitete uns segnend auf den Weg der Prüfung. Im Unmut ergriff mich der Vater ziemlich unsanft und expedierte mich zu dem Wagen, auf welchem mein älterer Bruder bereits Platz genommen hatte. Aber in dem nämlichen Augenblick ergriff mich die natürliche Kindesliebe zur Mutter mit ihrer ganzen Innigkeit, ich riss mich los aus der väterlichen Hand, um noch einmal der Mutter Herz für mein trauriges Schicksal zu erweichen. Umsonst! Ich musste zum Wagen zurück und zwar noch mit den Schmerzen einer Kopfwunde, die ich mir durch einen Fall zugezogen hatte. Das war mein Abschied aus dem elterlichen Hause, das ich nachdem nie wieder betreten sollte.

Unsere Reise ging nach dem Städtchen Bernstein, wo sich mein Stiefgroßvater von einem Torschreiberposten kümmerlich ernährte. Bei ihm sollten wir unseren Unterhalt finden.

Mein Vater trat mit den mir unvergesslichen Worten ins Zimmer: „Mutter, ich gehe jetzt wieder zum Regiment und vermutlich nach Frankreich. Mit meinem Weibe bin ich geschieden, den großen Jungen bringe ich nach Soldin zum Wundarzt in die Lehre, wollen Sie den Kleinen bei sich behalten, so will ich Ihnen Geld für seinen Unterhalt schicken. Wollen Sie sich aber nicht mit ihm befassen, dann mag aus dem Jungen werden, was da will, ich überlasse ihn seinem Schicksal."

Mein Großvater mochte wenig Lust haben, mich bei sich aufzunehmen, aber er musste sich wohl in den Willen meines übelgelaunten Vaters fügen.

Am nächsten Morgen schloss mich mein Vater in seine Arme, ermahnte mich unter Küssen zum Gehorsam gegen die Großeltern und trat dann mit dem Bruder die Weiterreise an. Ich ahnte nicht, dass dies der letzte Kuss meines scheidenden Vaters und Bruders sein würde und doch machte, trotz meiner Jugend, diese Trennung einen unauslöschlichen Eindruck auf mein kindliches Gemüt.

Erst sechs Jahre alt, war ich von meiner Mutter verstoßen, von Vater und Bruder verlassen und kam in das Haus der Großeltern, um dort auf keine Rosen gebettet zu werden. Der Großvater, ein schon alter aber noch sehr rüstiger Mann, konnte bei seiner mangelhaften Bildung und dem Hange zum Genuss geistiger Getränke keinen vorteilhaften Einfluss auf mich ausüben.

Vielmehr hätte ich, bei der fast jedem Kinderherz eigentümlichen Empfänglichkeit für das Böse, unter diesen Umständen ohne das Walten der schützenden Vorsehung ein Taugenichts werden müssen. Jede meiner Handlungen, sie war gut oder böse, wurde mit derselben Härte bestraft. Dem Geiste der damaligen Zeit entsprechend, beschränkten sich die Erziehungspraktiken des alten Mannes, der im Siebenjährigen Kriege Husarenunteroffizier gewesen war, nur auf das Wort „Prügel".

Am übelsten war ich daran, wenn der Branntweinvorrat ausgegangen war und ich angewiesen wurde, ohne Geld denselben zu ergänzen. Ich musste dann zu den freigebigen Branntweinbrennern meine Zuflucht nehmen. Doch wehe, wenn ich auch von diesen mit leerer Flasche zurückkam. Jedes Mal machte mein Rücken dann eine erneute Bekanntschaft mit der kleinen eisernen Visitierstange.

Aufbrausendes Temperaments, wie mein Großvater war und dazu noch jener Leidenschaft frönend, wurde er wegen eines Dienstvergehens gegen seine Vorgesetzten nach der zwölf Meilen entfernten Stadt Falkenburg versetzt. Auch diese Reise gehört nicht zu den fröhlichen Ereignissen meines Lebens und fast wäre ich in der harten Behandlung meines Großvaters erlegen, wenn nicht die Großmutter sich meiner liebevoll angenommen und durch Worte des Trostes und des Gottvertrauens mich aufrecht erhalten hätte.

Auch in der neuen Heimat wurde ich nicht zur Schule geschickt und zwar lediglich, weil es an dem nötigen Schulgelde fehlte. Alle deshalb gestellten Anträge an den Vater, der im Laufe der Zeit zum Offizier befördert worden war, waren vergebens und meine Mutter, die sich inzwischen an einen Müller verheiratet hatte, durfte oder wollte nicht die Mittel zu meiner Erziehung hergeben.

So wuchs ich ohne Unterricht auf, nur dem segensreichen Einfluss der alten Großmutter überlassen, deren Gebete meine einzige geistige Nahrung ausmachten. Da traf die Nachricht vom Tode des Vaters ein, den er in einem Gefechte in Frankreich gefunden hatte und zum ersten Mal fühlte ich mich auf das Tiefste erschüttert und mit Bangigkeit für die Zukunft erfüllt. Die Gegenwart gab mir geringen Trost und Halt an der Großmutter, der Großvater verfuhr aber um so rücksichtsloser gegen mich, da er die Vorwürfe meiner Eltern nicht mehr zu fürchten hatte und er ohnehin für die Vorstellungen seiner Frau unempfindlich war.

Die unregelmäßige Lebensweise meines Großvaters mochte wohl die Ursache sein, dass seine Einnahme kaum zur Befriedigung seiner eigenen Bedürfnisse hinreichte. Es ging sogar so weit, dass uns oft das Brot fehlte, um unseren Hunger zu stillen und nicht selten pries ich mich glücklich, wenn meine Spielkameraden, die Söhne wohlhabender Bürger, ihr Frühstück mit mir teilten. Es war dies gleichsam ein Tribut für jene Rolle, die ich als Anführer bei ihren militärischen Spielen bekleidete, denen ich mich mit wahrer Leidenschaft hingab, so oft es mir möglich war, den Blicken meines Großvaters zu entschlüpfen.

So kümmerlich wie meine Nahrung, ebenso dürftig war auch meine Kleidung, denn von ihr war in dem Ausgabeetat meines Großvaters gar nicht die Rede; ich sah mich daher genötigt, so gut es gehen wollte, die abgelegten Kleider meiner glücklicheren Spielkameraden bis auf den letzten Fetzen zu benutzen. Dabei kam es aber einmal vor, dass ich, wegen mangelnder Fußbekleidung noch spät im November barfuß einhergehen musste. Recht schmerzlich musste ich zur Erkenntnis meiner dürftigen Lage am Tage meiner Einsegnung kommen.

Es war der Palmsonntag, an welchem ich - wie es in jener Gegend Brauch und Sitte war - im zwölften Lebensjahr die Weihe zum Christentume empfangen sollte. Zufällig besuchte ich einen meiner Einsegnungsgenossen, den Sohn eines wohlhabenden Kaufmanns, kurz vor dem Beginne der kirchlichen Feier in seiner Wohnung. Als ich ihn aber in seinen schönen neuen Kleidern vor mir stehen und das Wohlgefallen sah, mit dem die Blicke der Eltern an dem sauber gekleideten Knaben hingen, fing ich bitterlich zu weinen an, denn ich fühlte, wie gar traurig es doch um ein Kind steht, das aller Pflege und Liebe beraubt, in die Schule der Not und des Elends hineingestoßen wird.

Ich fühlte in einem vorübergehenden Momente die ganze Bedeutung des Wortes, ein Waise sein. Die braven Eltern meines Freundes trösteten mich nicht nur, sondern gaben mir auch einen alten Anzug ihres Sohnes, in welchem ich denn nach Möglichkeit herausstaffiert in die Kirche trat.

Die Ermahnungen des die Einsegnung vollziehenden Oberpfarrers, der einen Teil seiner Worte besonders an mich elternloses Kind richtete, machten einen erhebenden Eindruck auf mich. Ja, noch in meinem späteren Leben hat mich die Erinnerung daran zuweilen von dem Pfade des Bösen abgehalten.

Mein Pflegevater drang nach der Einsegnung in mich, irgend eine Profession zu erlernen; aber die vielleicht vom Vater geerbte Vorliebe für den Soldatenstand hatte mir jedes bürgerliche Gewerbe verleidet; ich weiß nicht mehr, bei wie vielen Meistern ich in die Lehre gekommen sein mag, doch ich erinnere mich, dass ich bei den meisten der dort gebräuchlichen Handwerke debütiert habe.

Bei meinem Unvermögen, ein Lehrgeld zu zahlen, sollte ich mich in sechs Jahren frei lernen. Diese schienen mir aber eine halbe Ewigkeit und, bei sitzender Hantierung, unüberwindlich.

Einem Schneider lief ich schon in der ersten Probewoche davon, ebenso wenig hielt ich bei einem Schuhmacher aus. Von einem Tuchmacher in Calies, wo ich bitterlich hungern und entsetzliche Misshandlungen erdulden musste, begab ich mich zu einem Bäcker nach Stargard. Dieser ver sprach mich zu kleiden, hielt aber sein Versprechen schlecht. Mitten im Winter ließ er mich in Kleidern einhergehen, die so zerlumpt waren, dass ich kaum meine Blöße damit bedecken konnte.

Solches Verständnis war mir unerträglich, ich entschloss mich daher, von zwei Übeln das Kleinste zu wählen und lieber zu meinen Großeltern zurückzukehren. In der Stille und ohne Wissen des Meisters entfernte ich mich in aller Frühe aus dem Hause und trat ohne Geld und des Weges unkundig, mit einem Groschenbrot in der Tasche, bei rauer Winterzeit meine Wanderung an.

Am dritten Tages meines Umherirrens wurde es so entsetzlich kalt, dass ich halb verhungert und erstarrt auf der Landstraße liegen blieb und gewiss erfroren sein würde, wenn nicht ein Bäcker aus Nörenberg das Werk eines barmherzigen Samariters an mir geübt hätte. Dem braven Manne hatte es nicht gelingen wollen, mich aus den totenähnlichen Schlafe, in den mich sowohl Kälte als Entkräftung versenkt hatten, zu erwecken; er lud mich daher auf seinen Wagen und brachte mich nach seinem Wohnorte.

Nicht gering war mein Erstaunen beim Erwachen aus dem bewusstlosen Zustande. Dichte Finsternis, welche in dem von mir eingenommenen Raume herrschte, ließ mich bald an meinem wachen Zustand, bald an meinem Augenlichte zweifeln. Endlich überzeugte ich mich durch das Betasten der engen Bretterwände von meinem sargähnlichen Lager, das sich bei näherer Betrachtung als der Brotkasten des Bäckers ergab.

Während des Weihnachtsfestes blieb ich in dem Hause meines Erretters und setzte dann, als gelinderes Wetter eintrat, meine Wanderung fort. Mein Großvater empfing mich keineswegs mit offenen Armen, sondern schwor hoch und teuer, dass ich einst die schönste Zierde des Galgens werde. Diese Worte erregten so sehr mein Ehrgefühl, dass ich gelobte, niemals eine entehrende Handlung zu begehen und somit die Prophezeiung des alten Mannes unwahr zu machen.

Mein Entschluss, Soldat zu werden, kam immer mehr zur Reife und ich wartete nur darauf, die zum Eintritt in das Militär erforderliche Körperstärke zu besitzen, um mich jenem Stande zu widmen.

Meine Neigung, die kriegerischen Übungen und Paraden der Soldaten zu sehen, war so groß, dass ich oftmals, wenn ich in den Wald geschickt wurde, um Holz zu holen, meine Karre stehen ließ und zwei Meilen weit marschierte, um nur dem Dienste einer in der Nachbarschaft garnisonierenden Kürassiereskadron beizuwohnen. Kam ich dann todmüde und völlig ausgehungert des Abends nach Hause, so wartete meiner statt des erwünschten Abendbrotes - der gewaltige Zorn meines Großvaters. Aber selbst die erlittene Züchtigung half nichts.

Nach einigen Tagen dachte ich wieder an die stattlichen Kürassiere in ihrer blinkenden Rüstung und dann hätte mich keine Furcht vor Strafe von meiner Wanderung zurückhalten können. Die Zeit zwischen diesen Exkursionen benutzte ich zu Feld- und Gartenarbeiten für fremde Leute, die mir 2 gGr. Tagelohn einbrachten und so rückte endlich der Winter an, in dem mein Schicksal eine andere Wendung erhielt.

Eines Abends war ich in dem Hause eines Gastwirtes, bei dem ein Dragoneroffizier übernachtete. Meine unverwandt auf diesen stattlichen Offizier gerichteten Blicke mochten ihn wohl aufmerksam gemacht haben. Einige an mich gerichtete Fragen beantwortete ich mit einer Lebendigkeit, die Herrn von S. zu gefallen schien. Er lud mich ein, mit ihm nach Polen zu reisen und sein Bedienter zu werden; ich hatte den Mann, der mir solche Aufmerksamkeit schenkte, schon wegen seines freundlichen Wesens lieb gewonnen, daher bedachte ich mich keinen Augenblick, sein Anerbieten anzunehmen. Als sein Bedienter dünkte ich mich schon ein halber Soldat, und unter der Protektion eines Offiziers hoffte ich auch bald ein ganzer zu werden.

Mein Großvater, vielleicht herzlich froh, meiner auf eine gute Manier los zu werden, hatte wenig Bedenken gegen meinen Abgang und so ging es, nach einem zärtlichen Abschiede von meiner Großmutter, schon am nächsten Morgen von dannen.

Es war an dem Tage grimmig kalt, meine Kleider litten wie gewöhnlich an Altersschwäche und schützten ebenso wenig gegen den brausenden Nordwind, als gegen das heftige Schneegestöber. Meine Glieder waren erstarrt, meine Sinne schwanden und zum zweiten Mal war ich bewusstlos fremder Hilfe überlassen. Freundlich nahm sich Herr von S. meiner an und ließ nichts unversucht, mich in der nächsten Station wieder auf die Beine zu bringen. Als dies geschehen war, hüllte er mich in einen neugekauften Schafspelz und so ging es ohne weitere Störung nach dem Orte der Bestimmung.

Dort wurde ich vortrefflich gekleidet und lernte reiten, kochen, frisieren und mehr dergleichen Bedientenkünste; ich bemühte mich, der Güte meines Herrn würdig zu sein und wurde dafür von ihm liebreich und freundlich behandelt.

So wurde Herr von S. nicht nur in leiblicher, sondern auch in moralischer Hinsicht einer meiner größten Wohltäter, denn indem er mich der traurigsten Lebenslage entriss und dem Ziel meiner Wünsche entgegenführte, erweckte er aufs Neue das fast erstorbene Vertrauen zu den Mitmenschen und belebte mein Herz mit edleren Gefühlen.

Aber schon nach einem halben Jahre trat für mich eine Veränderung ein. Bei der Revue traf Herr von S. mit seinem Bruder zusammen, der zwar Lieutenant desselben Regiments war, aber in einer anderen Garnison stand. Diesem mochte ich gefallen und daher bat er meinen bisherigen Herrn, mich an ihn abzutreten. Sein Anersuchen deshalb war so dringend, dass sein Bruder, wenn auch mit Widerwillen, es ihm doch gewähren musste.

Diese Veränderung erfüllte mich anfangs mit großer Traurigkeit, aber ich überzeugte mich bald, dass mein neuer Herr mich zu ebenso großer Dankbarkeit verpflichtete.

Als er sah, wie sehr meine Erziehung vernachlässigt worden war, ließ er sich dazu herab, mich mit der liebenswürdigsten Sorgfalt zu unterrichten. Dafür war aber auch meine Liebe zu ihm so groß, dass ich für ihn jeder Aufopferung fähig gewesen wäre.

Doch eines solchen Glücks sollte ich mich dauernd nicht erfreuen; dass Missgeschick duldete mich in so angenehmen Verhältnissen nicht lange. Schon im Herbste trat mein Herr eine Urlaubsreise zu seinem Vater an, auf der ich ihn begleitete. Als wir uns zur Rückreise anschickten, verlangte der alte Herr von S., ich sollte zu seiner Bedienung bei ihm bleiben. Leider hatte ich schon hinreichend Gelegenheit zu der Wahrnehmung gehabt, dass mit diesem abermaligen Wechsel keineswegs eine Verbesserung meiner Verhältnisse verbunden sein würde. Deshalb sträubte ich mich dagegen; aber mein Herr war ein gehorsamer Sohn und obwohl er meine Dienste ungern entbehrte, drang er doch in mich, bei seinem Vater zurückzubleiben. So ging es mir denn wie einem Sklaven, der jeden Augenblick gewärtig sein muss, einem anderen Herrn anzugehören.

Bevor ich nun die Geschichte meines neuen Leiden beginne, will ich versuchen, ein skizzenhaftes Konterfei meines neuen Gebieters zu entwerfen. Ungefähr 60 Jahre alt und von bedeutendem Leibesumfange hatte er früher das Unglück gehabt, ein Bein zu brechen, infolgedessen es ihm fast unmöglich war, sich ohne fremde Hilfe fortzubewegen. Seine Launenhaftigkeit, wahrscheinlich infolge körperlicher Leiden, machte den Umgang mit ihm, namentlich seinen Untergebenen, äußerst beschwerlich. Dabei sprach er fast immer in plattdeutscher Mundart und übermannte ihn, was nicht selten war, die üble Laune, so stotterte er.

Seine einzige Beschäftigung war die Jagd. Wie schon gesagt war er aber ein schlechter Fußgänger, daher lag mir denn die schwere Verpflichtung ob, ihn in einem Wagen, der vielleicht schon unter einem der Pommerschen Herzöge gedient haben mochte und den jetzt eine altersschwache Rosinante mühsam davonschleppte, zu fahren.

Trotz seines Alters hatte mein neuer Herr ungemein weitsehende Augen. Mit seltenem Scharfblick entdeckte er auf die weiteste Entfernung einen Hasen im Lager und da galt es ihm dann gleichviel, welche Hindernisse ich mit dem schwerfälligen Braunen zu überwinden hatte. Er verlangte nun in möglichster Eile dem Hasen auf Schussweite nahe zu kommen. Aber das Terrain war oft so uneben, dass ich, trotz aller Vorsicht, die alte Karosse umwarf. Durch die dabei erlittenen Kontusionen, mehr aber noch durch das Ärgernis, den Hasen davonlaufen zu sehen, wurde der alte Herr in die übelste Laune versetzt, welche denn die heftigsten Schwingungen seines Krückstockes zur Folge hatte.

Diese bewogen wiederum mich unverzüglich, dem Beispiele des Hasen zu folgen. Einholen konnte mein Herr mich nicht und so gab es denn oft die lächerlichsten Szenen, wenn ich in einer Entfernung von zehn Schritten wegen der mir angedrohten Hiebe förmlich mit ihm kapitulierte. Was früher die Visierstange meines Großvaters an meinem Rücken noch unberücksichtigt gelassen hatte, dass musste jetzt die Bekanntschaft des fatalen Krückstockes machen.

Allmählich fingen meine Kleider auch an durch die Hasenjagd sehr mitgenommen zu werden und da mein Herr sie durch neue nicht ergänzen ließ, ich aber auch keinen Pfennig Lohn erhielt, so glaubte ich mich auch nicht verpflichtet, in diesem Verhältnis länger auszuhalten.

Von einer gutwilligen Entlassung konnte aber bei der Sinnesart meines Herrn, der mich förmlich für seinen Leibeigenen hielt, keine Rede sein. Meinem Unternehmungsgeiste wäre es ein leichtes gewesen, davonzulaufen, aber ich hoffte nach einiger Zeit von meinem früheren Herrn aus dieser Sklaverei erlöst zu werden. Diese Hoffnung ermutigte mich, alles Ungemach zu ertragen, das mir die üble Laune des alten Herrn täglich bereitete.

Sein Sohn war inzwischen nach Berlin versetzt worden. Um so größer war daher meine Freude, als ich eines Tages den Befehl erhielt, meinen Herrn auf eine Reise dorthin zu begleiten. Diese Reise war für mich, der ich das Treiben einer großen Stadt noch nicht kannte, ein wahres Ereignis.

Die Freundlichkeit, mit der ich von meinem früheren Herrn empfangen wurde, gab mir den Mut, ihm zu erklären, dass ich es bei seinem Vater nicht länger ertragen könne und dass ich lediglich in der Hoffnung mit nach Berlin gereist sei, bei ihm zu bleiben.

Aber sein Ersuchen deshalb wurde von seinem Vater rundweg zurückgewiesen und so musste ich denn, nachdem wir 14 Tage in dem schönen Berlin verweilt hatten, schweren Herzens von meinem Wohltäter Abschied nehmen.

Auf dem Bock unseres alten Phaetons hatte ich Muße genug, über meine Verhältnisse allerhand Betrachtungen anzustellen. Der Blick, den ich in das Getriebe der großen Welt getan hatte, erweckte in mir ein regeres Nachdenken über mich selbst und bei weitem mehr Energie als in dem Schlendrian meiner bisherigen Verhältnisse. In meinen Betrachtungen kam ich zu dem Resultat, dass ich bei einigem Glück in der Welt doch wohl etwas Besseres werden könnte, als Bedienter.

Als wir nun auf der Reise in die Gegend meiner Heimat gelangten, konnte ich der Sehnsucht, meine Mutter und die Geschwister wieder zu sehen, nicht widerstehen. Ich erklärte also meinem Herrn mit wunderbarer Keckheit, ich würde nun keinen Augenblock länger in seinem Dienste bleiben. Das Erstaunen des alten Mannes über so unerhörte Frechheit seines sonst so aller devotesten Dieners ließ ihn kaum Worte finden; ich aber suchte ihm mit einer früher an mir unentdeckten Beredsamkeit zu beweisen, dass er mich von Rechtswegen mit Gewalt nicht zurückhalten könne, da er mir für meine Dienste keinen Lohn, sondern nur eine dürftige Beköstigung und alte abgetragene Kleidungsstücke gegeben habe. Meinen Vortrag schloss ich mit der Versicherung, dass ich, falls mein Abgang nicht in Güte bewilligt werden sollte, mich bei der Polizei beschweren würde.

Meine Kühnheit erwirkte mir endlich einen Entlassungsschein und zu meiner größten Verwunderung sogar ein Reisegeld von acht Groschen.

In der Hoffnung, Hilfe und Unterstützung zu finden, wanderte ich zu meiner Mutter. Aber schon der Empfang entsprach sehr wenig meinen Erwartungen; ich weiß nicht welche Verhältnisse meiner Mutter nicht gestatteten, für mich etwas zu tun, aber sie schien es zu bedauern, dass ich meine bisherige Stellung aufgegeben hatte. Zum Soldaten immer noch körperlich zu schwach, hatte ich unter allen Hantierungen einzig und allein Lust zur Erlernung der Jägerei. Das Jägerleben, wie ich es mir dachte, mochte auch wohl meiner beweglichen Gemütsart am entsprechendsten sein.

Durch die Vermittlung meines Stiefvaters, eines Mannes von biederem Charakter, erlangte ich endlich von der Mutter eine Zusage, nach welcher sie mich mit den zur Erlernung der Jägerei erforderlichen Gegenständen ausrüsten wollte. Notdürftig bekleidet und mit einer alten Flinte versehen, wurde ich dann zu einem Landjäger in die Lehre gebracht.

Hier war es aber ganz anders, als ich es erwartet hatte. - Statt der erträumten Freiheit fand ich ein Leben voller Mühseligkeiten und Entbehrungen, das mir noch durch die grausame Behandlung, die ich von meinem Vorgesetzten erfuhr, verleidet wurde.

Tag und Nacht, in Hitze und Kälte musste ich auf dem Brachfelde und im Walde kampieren und oft nicht ohne Gefahr für meine Sicherheit den Wild- und Holzdieben auflauern. Von früher Jugend auf an allerlei Strapazen gewöhnt, würde ich dies alles gern ertragen haben, wenn ich nur nicht in jeder Beziehung schrecklich vernachlässigt worden wäre. Die Kleider, mit denen ich ausgerüstet worden war, kamen mir oft wochenlang nicht vom Leibe, weder meine Mutter noch mein Lehrherr ergänzten sie durch neue und so kam es denn, dass schon nach einem Jahre meine Garderobe in den desolatesten Umständen war.

Ohne alle Unterstützung und selbst ohne Mittel, mir etwas zu verdienen, wofür ich mir hätte die unentbehrlichsten Kleidungsstücke kaufen können, musste ich mir in ruhiger Erwägung der Verhältnisse gestehen, dass ich auf diesem Wege das mir neuerdings vorgesteckte Ziel, ein Forstmann zu werden, niemals erreichen würde.

Ich dachte darüber nach, meine Lage erträglicher zu machen, aber so viel ich auch sann und grübelte, es gab meiner Meinung nach nur einen Weg zur Verbesserung meiner Verhältnisse, den Weg zum Ziele aller meiner Wünsche und dies bezeichnete mir - die Liebe zum Soldatenstande.

Mein Entschluss war bald gefasst; ohne weiteres verließ ich dieses traurige Lehrverhältnis und trat guten Mutes, in der Absicht die Wanderung nach Berlin an, dort Militärdienste zu nehmen.

Etwa in meinem 16.Lebensjahre war ich damals zwar von beträchtlicher Körperlänge, aber doch von schwächlichem Gliederbau. Meine Größe berechtigte mich indes zu der Hoffnung, dass ich bei andauerndem Wachstum einen stattlichen Flügelmann abgeben würde. Die Erinnerung an meinen Vater erzeugte in mir den Wunsch, im 3.Artillerie-Regiment Dienste zu nehmen. Man wies mich indes zurück, weil ich für den Artilleriedienst auf Avancement zu unwissend, als auch als zu schwach befunden wurde.

2.Kapitel
Mein Leben als Soldat

Missmutig ich die Straßen Berlins entlang schlendernd, gelangte ich an den Dönhofs Platz, auf dem Soldaten des Regiments *von Arnim* exerzierten. Während ich mit großem Vergnügen diesen Waffenübungen zusah, fragte mich ein Unteroffizier, ob ich geneigt sei, für ein gutes Handgeld in jenem Regimente Dienste zu nehmen? Meine Antwort auf diese Frage fiel natürlich bejahend aus. Bevor ich mich indes auf weitere Unterhandlungen einließ, erkundigte ich mich angelegentlich nach der Sinnesart des Hauptmanns, für dessen Kompanie ich angeworben werden sollte.

Während mein Werber ihn mir als den humansten Mann von der Welt schilderten, war der in der Rede stehende Hauptmann von G. selbst auf dem Dönhofs Platz erschienen. Ich wurde ihm vorgestellt. Mit sichtbarem Wohlgefallen betastete er oberflächlich Brust und Arme und schien als ein Mann von Erfahrung von meiner beträchtlichen Körperlänge im 17.Lebensjahre auf fortgesetztes Wachstum zu schließen.

Zu jener Zeit hielt man bekanntlich viel auf große Soldaten; darum wetteiferten die Kompaniechefs förmlich darum, die größten Rekruten für sich zu gewinnen. Aus Furcht, mich zu verlieren, bewilligte er mir mit einer gewissen Hast ein üppiges Handgeld; ja sein Interesse für mich schien um so reger, als ich ihm mitteilte, dass ich der Sohn eines vor dem Feinde gebliebenen Offiziers sei. Er gab mir das Versprechen, nach Kräften für mich zu sorgen und was das Geld allein nicht vermochte, bewirkte das gewonnene Vertrauen; ich willigte ein und vorwärts ging es zur Kaserne.

Hier erschrak ich nicht wenig, als ich von dem mich untersuchenden Regimentsarzt zum Militärdienst als zu schwach erklärt wurde. So nahe dem ersehnten Ziele, glaubte ich nun meine schönsten Hoffnungen wie durch einen Donnerschlag vernichtet zu sehen. Doch ich verzagte nicht. Meine ganze Beredsamkeit aufbietend, suchte ich den Arzt zu überzeugen, dass ich keineswegs so schwächlich sei als es, meiner Figur nach, den Anschein habe, dass ich mich zum Militärdienst hinreichend stark fühle und wohl kräftiger wäre, als mancher junger Mensch, der viel korpulenter sei als ich.

Mein Eifer und meine Beredsamkeit in der Stunde der Entscheidung verfehlten ihre Wirkung nicht; der Arzt stand von seiner Diagnose ab und ich wurde angenommen. Wer war froher als ich! Nachmittags schon paradierte ich in der Montur eines preußischen Musketiers des *Ancien Regime*. In einem Leibrock mit breiten weißen Rabatten und mit einer roten Binde um den Leib, auf dem Kopfe mit einem riesigen Dreimaster und mit einem mächtigen Zopf auf dem Rücken stolzierte ich in dickbesohlten Schuhen einher - und keiner konnte sich stattlicher dünken als ich.[1]

---

[1] zum Aussehen eines Musketiers und eines Offiziers des Infanterie-Regiments *von Arnim* (Nr.13) siehe die in den Anlagen 1 und 2 abgebildeten Uniformzeichnungen.

Aber schon nach einigen Tagen bestätigte sich die Wahrheit in dem ersten Ausspruch des Regimentsarztes, als ich mit dem Gewehr exerzieren sollte; denn trotz meiner verzweifeltsten Anstrengungen war es mir unmöglich, mit der schweren Waffe auch nur die leichtesten der zum Exerzitium gehörigen Bewegungen zu vollführen. Was war zu tun? Das Handgeld hatte ich empfangen, der Fahneneid war geleistet und mein Hauptmann, der mich den damaligen Verhältnissen gemäß, als seinen Leibeigenen betrachtete, wollte mich wegen der von meiner künftigen Größe gehegten Erwartungen nicht gern verlieren.

Um also der Kompanie erhalten zu werden, sollte ich einstweilen Signalhornist werden; aber auch hierzu fand man mich wegen meiner schwachen Brust nicht brauchbar und so musste ich *nolens volens* zur Trommel übergehen. - Täglich wurde ich nun von dem Regiments-Tambour im Trommeln unterrichtet. Ich übte fleißig, kapierte schnell und war schon nach 14 Tagen so sicher auf meinem Instrument, dass ich als ausexerzierter Tambour auf Wache ziehen konnte. Mein Hauptmann war über diese schnellen Fortschritte so erfreut, dass er mir sogar einen Taler schenkte. Außerdem bewilligte er mir in Berücksichtigung meines ungewöhnlich starken Appetits einstweilen noch eine Zulage von einem Kommissbrot auf je fünf Tage. Ich nahm diese Wohltaten um so freudiger an, als meine Löhnung, nach Abzug der notwendigen Ausgaben für Putzzeug und dergleichen, mir keineswegs die Mittel gewährten, den Anforderungen meiner im Wachstum begriffenen Natur zu genügen.

Wie sehr mein Hauptmann mich außer diesen Beweisen großer Herzensgüte noch durch seine Nachsicht zur Dankbarkeit verpflichtete, davon möge hier die Erwähnung eines durch meine Torheit herbeigeführten Ereignisses ein Beispiel geben.

Als nämlich eines Abends zur Stralauer Torwache einige Zivilisten wegen nächtlicher Ruhestörung als Arrestanten eingebracht wurden, ließ sich der wachhabende Unteroffizier durch die ihm und der Wachmannschaft angebotenen nicht unansehnlichen Geldgeschenke zu der Pflichtvergessenheit verleiten die Arrestanten, lebenslustige junge Leute aus den besseren Ständen, zu entlassen. Mich traf das Schicksal, für einen Teil des Geldes einen Vorrat von Lebensmitteln und Branntwein herbeizuholen. Nun wurde bis zur Ablösung der Wache gezecht und den Soldaten gelang es, in ihrer rohen Lust den „Trommlerjungen", wie sie mich nannten, betrunken zu machen. Lärmend taumelte ich zur Kaserne. Der beaufsichtigende Unteroffizier verwies mich zur Ruhe; ich trieb aber meine Alotria so lange fort, bis man mich festnahm und zwei Unteroffiziere den Befehl erhielten, mich zum Militärarrest zu bringen.

Auf der Straße wusste ich mich von ihnen loszumachen und benutzte den frisch gefallenen Schnee dazu, ihnen rechts und links solche Salven von Schneebällen ins Gesicht zu schleudern, dass sie Mühe hatten, sich meiner zu erwehren. Die eben aus der Schule heimkehrende Jugend war natürlich sogleich bereit, für den schwächeren Teil, also mich, Partei zu nehmen und so entstand denn unter dem wilden Geschrei der Menge eine gewaltige Schneeballkanonade.

Am anderen Morgen erwachte ich in dem nur spärlich erhellten Arrestlokale. Zunächst brachte mich ein heftiger Rückenschmerz, der sowohl von der Härte meiner hölzernen Lagerstätte, als von den im Kampfe mit den Unteroffizieren gewiss reichlich empfangenen Jagdhiebe herrühren mochte, zur Besinnung. Nur dunkel erinnerte ich mich der Erlebnisse vom vorigen Tage und suchte das klopfende Herz durch Entschuldigungen zu beruhigen, als ein Unteroffizier mich aufforderte, ihm zum Hauptmann, in der Offizierwachstube zu folgen. Hier bemerkte ich erst bei dem vollen Tageslichte, wie sehr mein Kostüm bei der gestrigen Affäre gelitten hatte. Bei meiner kläglichen Erscheinung mochte sich sowohl der Hauptmann als auch der wachhabende Offizier an die Lächerlichkeit meines Schneeballgefechts erinnern, denn beide hatten Mühe, einen gewissen Ernst zu behaupten.

Zunächst hielt mir der Hauptmann eine lange Strafpredigt, in welcher er meinem noch immer etwas umnebelten Gedächtnis alle Einzelheiten meines Vergehens von gestern zurückrief und zählte die Strafen auf, die mein Verbrechen unfehlbar nach sich ziehen müsse. Da wir doch etwas flau zu Mute und im Geiste sah ich schon die scheußliche Exekution des Gassenlaufens an mir vollziehen.

Meine Angst bemerkte der Hauptmann und im milden Tone sagte er: „Ich habe alles Mögliche für Dich getan, um einen brauchbaren Menschen aus Dir zu machen, weil Du anständiger Leute Kind und auch sonst kein übler Junge bist; nun machst Du mir aber solche dummen Streiche! Wenn ich jetzt, den Gesetzen gemäß, Standrecht über Dich halten ließe, so würde Dich eine schwere Strafe treffen; aber aus Rücksicht auf Deine Jugend hat mich der General, unter dessen Fenster und Augen die ganze Szene des vorigen Tages sich zugetragen hat, ermächtigt, die Sache in der Kürze abzumachen. Einen Denkzettel musst Du nun einmal haben, daher ziehe Deine Montierung aus."

Dabei winkte er einem Unteroffizier, der, mit aufgehobenem Stocke, sich mir näherte. Als ich in demselben aber einen meiner Feinde im Schneeballgefecht erkannte, bat ich den Hauptmann flehentlich, mich nur nicht von diesem schlagen zu lassen. Der jämmerliche Blick, welcher diese Bitte begleitete und die Langsamkeit, mit der ich meinen Rock auszog, gaben der Szene wahrscheinlich etwas sehr Lächerliches, denn der Hauptmann biss sich wie einer, der nicht lachen will, auf die Lippe und kommandierte, das Gesicht abwendend, einen anderen Unteroffizier. Damit zufrieden und gewissermaßen froh, so wohlfeinen Kaufes davon zu kommen, zog ich meine Montierung aus. Kaum hatte ich sie aber auf den vor liegenden Tisch gelegt, als sie der Hauptmann mit seinem Stock herabwarf; ich bückte mich rasch und legte sie wieder auf.

„Das ist ein Tisch für den wachhabenden Offizier", sagte er stolz und wiederum lag die Montierung am Boden.

„Und das ist ein Rock des Königs", entgegnete ich im bescheidenen Tone, ihn ruhig wieder aufhebend.

„Höre Schlingel", sagte der Hauptmann, „dieses Mal magst Du mit dem Schrecken davonkommen; hüte Dich aber in Zukunft Ähnliches zu begehen!"

Ich musste bei dieser plötzlichen Wendung der Dinge kaum wie mir geschah und wollte in der ersten Freude dem Hauptmann für seine Nachsicht danken und ihm versichern, dass ich einen solchen Exzess nie wieder begehen würde, aber er ließ mich nicht zu Worte kommen, sondern kommandierte: „Kehrt! Marsch! Zur Kaserne!"

Dieses Ereignis war für mich von den heilsamsten Folgen; es hatte mir die Gefahren gezeigt, welche der unmäßige Branntweingenuss gar leicht nach sich zieht und denen ich, ohne die Nachsicht meines menschenfreundlichen Hauptmanns unfehlbar verfallen wäre. Dieser brave Mann ließ nun meine Handlungen streng überwachen, da jedoch meine Vorgesetzten mir das Lob musterhafter Führung nicht versagen konnten, so hatte er meinen ersten „Schwabenstreich" auch bald vergessen und mir seine Gunst wieder zugewandt.

Trotzdem war aber meine Lage keineswegs beneidenswert. Während der Exerzierzeit wurde es mir bei der großen Hitze manchmal so schwer mit der gewichtigen Trommel den tiefen Sand zu durchwaten, dass ich oft nahe daran war, vor Ermattung niederzusinken. Dabei beutete der etwas eigennützige Regiments-Tambour meine Kräfte noch dadurch aus, dass er mich fast jede zweite Nacht so genannte Lohnwachen verrichten ließ, wofür der Betrag in seine Tasche floss, mir aber so wenig zuteil wurde, dass ich dafür nicht meinen Hunger stillen konnte. Durch diesen häufigen Wachdienst wurde natürlich meine Montierung sehr mitgenommen. Der Hauptmann bemerkte dies und als er die Ursache davon erfuhr, erhielt der Regiments-Tambour Befehle, mich nicht so häufig zu Lohnwachen zu kommandieren, mich aber, wenn es hin und wieder nicht zu vermeiden sei, angemessener zu bezahlen.

Den ärgsten Verdruss bereitete mir indes die Rohheit und der boshafte Spott, womit die Soldaten mich behandelten. Nicht allein, dass sie uns Tambours auf Wache förmlich zu ihrer Bedienung verwandten, sondern sie überhäuften uns dabei noch mit allerhand schimpflichen Beinamen, wie zum Beispiel „Trommeljunge", „bunte Spadille[2]" usw., welche mein Ehrgefühl sehr verletzten, für die aber ebenso wenig Genugtuung zu erlangen war, als man ihnen überhaupt hätte entgehen können.

So hatte ich in der Einförmigkeit des Garnisonsdienstes schon drei lange Jahre durchgetrommelt und dafür nur das, meinem strebsamen Geiste wenig genügende Verdienst erlangt; der geübteste Tambour des Regiments zu sein. Es wurde die Stelle eines Bataillons-Tambours vakant, zu deren Annahme des Hauptmann von G. mich aufforderte. Ich weigerte mich aber, weil ich mir ein anderes Ziel gesteckt hatte, dass ich jetzt zu erreichen hoffen durfte. Da ich durch fleißiges Exerzieren mit dem Gewehr in meinen Mußestunden meine Körperkraft genügend herangebildet hatte. Ich bat den Hauptmann, mich nun in die Kompanie eintreten zu lassen, wurde aber aus unbekannten Gründen mit meinem Gesuch zurückgewiesen. Nun fasste ich mir ein Herz, ging direkt zum General, bat ihn, mich endlich von der Trommel zu erlösen und fand hier die Gewährung meiner Bitte. Hoch erfreut eilte ich zum Hauptmann, um ihm mein Glück zu verkünden. Doch wie bitter war

---

[2] Spadille - höchste Trumpfkarte in einem französischen Kartenspiel

meine Täuschung. Der direkte Befehl des Generals hatte den Hauptmann verletzt und ich als der Schuldige musste mit 24 Stunden Arrest dafür büßen.

Dennoch musste mir mein Recht Kraft des höheren Befehls werden und so trat ich denn, nachdem ich meine Strafe abgebüßt hatte, als Musketier in die Kompanie. Den Hauptmann überraschte ich durch die Fertigkeit, mit der ich das Gewehr zu handhaben wusste und bald hatte ich mir seine Gunst wiedergewonnen.

Wer jene Zeit mit mir erlebt hat und sich der damaligen Militärverhältnisse zu erinnern weiß, der wird zugeben, dass der gemeine Soldat damals die härteste Behandlung erdulden musste. Trotz meines gewiss sehr regen Diensteifers hatte auch ich von dieser Härte viel zu leiden, denn mein Unteroffizier war leider ein Mann, der beim Exerzieren seine üble Laune nicht zu beherrschen wusste und das kleinste Vergehen oft mit Grausamkeit bestrafte.

Die Unteroffiziere durften den Soldaten nach ihrem eigenen Ermessen jederzeit drei Stockschläge geben, Fußtritte und Stöße vor die Brust und unter das Kinn wurden gar nicht gerechnet. Auch ich ging selten vom Exerzieren heim, ohne dergleichen Misshandlungen reichlich erfahren zu haben. Manchmal fürchtete ich dem Schmerz zu erliegen und nur der Gedanke konnte mich aufrecht erhalten: ich habe diesen Lebensweg selbst gewählt, ich muss also alles Ungemach, das mir auf demselben begegnet, mutig ertragen.

Die acht Groschen Löhnung auf je fünf Tage reichten nach Abzug der Ausgaben für Putzzeug und dergleichen unentbehrlichen Dinge nicht hin, die Lebensbedürfnisse des Soldaten bei der größten Mäßigkeit zu befriedigen. - Viele suchten sich daher in der dienstfreien Zeit durch die Verrichtung von allerlei Handarbeiten etwas zu verdienen. Die Fleißigeren arbeiteten als Handlanger bei Maurern und Zimmerleuten, die meisten standen aber, nach Art der heutigen Eckensteher, auf den belebtesten Straßen Berlins, namentlich in der Nähe der Post und ließen sich zur Fortschaffung von Sachen und dergleichen verwenden, wofür sie oft gute Bezahlung erhielten.

Als auch mich der Hunger einmal hinaustrieb, mir einen solchen Verdienst zu suchen, wurde ich von den älteren Soldaten, welche dieses Geschäft schon lange betrieben hatten und es förmlich als Privileg betrachteten, so bitter verhöhnt, dass ich aufs tiefste beleidigt, wieder zur Kaserne zurückschlich, fest entschlossen, lieber die Qualen des Hungers zu ertragen, als mich dem rohen Spott meiner lieblosen Kameraden auszusetzen.

Dem Hauptmann klagte ich meine Not und der riet mir, bei den Maurern auf Tagelohn zu gehen. Die Gelegenheit dazu wurde mir durch Vermittlung meines Protektors von einem Unteroffizier verschafft, der als gelernter Maurer bei dem Bau eines Palais am Wilhelmsplatze beschäftigt wurde.

Aber ich war leider für diesen Hilfsdienst vollständig unbrauchbar, denn als ich mit einem Gefäß voll Kalk auf der Schulter 50 Fuß über der Erde das schwankende Gerüst noch höher hinaufklettern sollte, ergriff mich ein Schwindel, meiner zitternden Hand entfiel das Gefäß und hätten mich nicht die rettenden Fäuste eines kräftigen Maurergesellen auf der Leiter erhalten, so würde ich unfehlbar dem Gefäß nachgestürzt sein.

Von den Arbeitern als Schwächling verspottet, verließ ich den Bau mit dem festen Vorsatze, künftig lieber auf ebener Erde zu bleiben, da meine Natur mich nicht befähigte, einen erhabenen Standpunkt einzunehmen. Auf ebener Erde war aber leider für mich nichts zu verdienen, daher musste ich mich denn in stiller Ergebung an die Entbehrungen zu gewöhnen suchen.

Besser als mit meiner körperlichen Nahrung war es mit der geistigen bestellt. Notdürftig hatte ich es durch fortgesetzte Übung zum Lesen gebracht und fand einen hohen Genuss, Reisebeschreibungen und Kriegsgeschichten, und wenn es nicht anders sein konnte, auch Ritter- und Räuberromane in den Mußestunden zu lesen. Den letzten Pfennig trug ich bisweilen zum Leihbibliothekar hin, um nur diese Sucht zu befriedigen. Leider musste ich die Folgen meiner Verschwendung durch bittere Not büßen. Ohne einen Pfennig Geld, ja selbst ohne ein Stück Brot musste ich, nach einem Exerzitium vom frühen Morgen bis zum Mittag, auf Wache ziehen. Der Hunger peinigte mich entsetzlich und doch war ich zu stolz, einen der Soldaten auch nur um ein Stück Kommissbrot anzusprechen.

Gegen Abend fand mich die Ablösung ohnmächtig auf meinem Posten. Der wachhabende Offizier wollte mich schon ins Lazarett bringen lassen, als ihm ein Soldat die mutmaßliche Ursache meiner Entkräftung mitteilte. Eingeflößter Schnaps brachte mich wieder zum Bewusstsein, worauf die dargereichten Speisen, als heilsame Medikamente die Kur glücklich vollendeten und mich zu Kräften brachten.

Ein anderes Mal wurde mir auf der Wache von einem ungeschickten Soldaten mein Hut zerdrückt. Die Reparatur kostete mehr als den ganzen Betrag meiner Löhnung. Auf Kredit ließ man einem Soldaten nicht leicht etwas verabfolgen, ich musste mich daher für die nächsten fünf Tage auf mein Kommissbrot beschränken. Dies war aber schon in zwei Tagen verzehrt und das Fasten begann.

Um die Mittagsstunde nahm ich ein Buch, stellte einen Wasserkrug vor mein Lager und legte mich mit der Hoffnung nieder - für einen interessanten Räuberroman meinen Hunger zu vergessen. Aber die Mahnungen meines Magens wurden zu dringend, ich konnte ihnen nicht länger widerstehen. Schnell verließ ich Lager und Quartier mit dem festen Entschluss, mir etwas zu verschaffen und koste es auch die Überwindung meines Stolzes.

Bei meinem Hauptmann hatte ich an den so genannten Schlappermentstagen[3] schon öfter meinen Hunger gestillt; ich begab mich also nach seiner Wohnung in der Absicht, ihm mein Leid zu klagen, fand ihn aber nicht zu Hause.

Hoffnungsloser als zuvor schlich ich betrübten Herzens die Straßen entlang. Die Mattigkeit des Körpers teilte sich auch meinem Geiste mit; ich versank in eine völlige Apathie und ohne es eigentlich zu wollen, gesellte ich mich zu den auf der Spittelbrücke Arbeit suchenden Soldaten, die Schimpfreden kaum beachtend, mit denen sie mich wieder davonzujagen hofften.

Ein reich gekleideter Herr ging, ein Liedchen trällernd, an mir vorüber. „Wie gern", dachte ich, „würde dieser Glückliche, der vielleicht von einem üppigen

---

[3] Schlappermentstage - so nannte man den letzten Tag in jeder Löhnungsperiode

Mahl heimgeht, mir einen Groschen zu einem Brote schenken, wenn er auch nur eine Ahnung von dem wütenden Hunger hätte, der mich so grausam quält."

Schon wollte ich ihm nacheilen, um ihn anzureden, da ergriff mich das militärische *Point d'Honneur*[4], ich dachte: „Ein Soldat in des Königs Uniform, der Sohn eines braven Offiziers - ein Bettler?" - und beschämt schlich ich auf meinen Platz zurück.

Eine geraume Zeit mochte ich wohl schon gestanden haben; sehnsüchtig blickte ich rechts und links, ob nicht jemand kommen und mir eine Arbeit antragen möchte; aber immer wurde mir einer der Soldaten vorgezogen, von denen ich absichtlich etwas fern stand, um ihre Beleidigungen nicht zu hören.

Endlich fragte mich ein Mann, ob ich eine Arbeit für ihn übernehmen wolle? Bereitwillig folgte ich ihm, aber schon nach fünf Minuten stand ich wieder an meiner früheren Stelle. Der Mann hatte mich nämlich aufgefordert, auf seinem Hofe die Kloaken zu reinigen und dazu wollte ich mich nicht hergeben.

Diesmal hatte ich noch nicht lange gestanden, als ein junger Mann mich aufforderte, ihm einen Koffer von der Post nach seiner Wohnung zu tragen. Ich dachte mir dies nicht schwer und ging mit ihm. Der Koffer war nicht sehr groß, hatte aber ein so bedeutendes Gewicht, dass ich mich schon unter der Stechbahn niedersetzen musste, um auszuruhen. Am Gendarmen Markt machte ich eine zweite Pause und von da ging es in einer Tour bis zur Wohnung des Unbekannten am Wilhelmsplatz. Es war aber auch die höchste Zeit, dass ich das Ziel erreichte, denn meine Kräfte hatten mich schon verlassen. Mein Begleiter bemerkte dies und half mir freundlichst die Last zwei Treppen hinauftragen. Dann gab er mir einen Likör, einen Imbiss und acht Groschen. Ich weiß nicht, was mich trunkener gemacht hat, die Freude über dieses Geld oder der stärkende Likör, genug - ich taumelte förmlich die Treppen hinab und die Straßen entlang nach der Kaserne.

Welch ein Abendbrot genoss ich hier - ein wahres Göttermahl! Zwei ganze Portionen saurer Kalbsfüße nebst Kartoffeln - aus der unvergleichlichen Küche unseres Knapphans[5].

Manches für mich traurige Ereignis, das ebenso wohl durch meine Armut, als auch durch die damaligen militärischen Verhältnisse bedingt wurde, könnte ich hier noch anführen, doch will ich die geehrten Leser damit nicht ermüden und lieber zu derjenigen Periode übergehen, in welcher sich meine Lage wesentlich verbessert hat.

In der Nähe unserer Kaserne bewohnte eine wohlhabende alte Witwe ein Haus, hinter dem sich ein schöner Garten befand, in welchem ich mich in meinem dienstfreien Stunden ebenso angenehm, als nützlich beschäftigte. Durch freie Kost und einen angemessenen Tagelohn wurde ich dafür hinreichend entschädigt. Außerdem hatte ich noch das Glück, von einem mir wohlwollenden Unteroffizier, der am Königlichen Theater bei großen Schauspielen als Statistenanführer fungierte,

---

[4] Point d'Honneur - (veraltet) den Punkt, an dem sich jemand in seiner Ehre getroffen fühlt

[5] Knapphans - Bezeichnung für den in der Kaserne wohnenden Restaurateur, von dem die Soldaten ihre Lebensmittel bezogen

zur Teilnahme an diesen Vorstellungen aufgefordert zu werden. Für jede Aufführung eines Stückes, bei dem ich beschäftigt war, erhielt ich 4 gGr. und für jede Probe 2 gGr.

Eine größere Freude als dieser gute Verdienst bereitete mir die sich nun häufig darbietende Gelegenheit zur Theaterbesuch. Die größten Helden der Berliner Hofbühne lernte ich kennen und durch zuvorkommendes Benehmen und Dienstwilligkeit wusste ich mich bald bei einigen derselben so beliebt zu machen, dass sie mir die Besorgung von einträglichen Geschäften übertrugen.

Wesentlich verbesserte sich dadurch meine Finanzen und früher nie gekannte Annehmlichkeiten verscheuchten die trüben Stunden meines jugendlichen Lebens. Von nicht geringem Einfluss war aber auch die angeknüpfte Bekanntschaft mit dem Theater auf meine innere Entwicklung.

Das Schöne und Wahre, die Tugend und das Laster, der Menschen Taten mit ihren edlen und eigensüchtigen Motiven, die Folgen sittlicher und verbrecherischer Handlungen, wie sie die Bühne uns als Bilder des Lebens vor die Seele führt, verfehlten ihren Eindruck auf meine durch die Lektüre angeregte Fantasie nicht. Dies lenkte mich noch im späteren Leben von dem unsittlichen Treiben meiner Kameraden ab!

Zu gut kannte ich meine Schwächen, als dass ich nicht hätte einsehen sollen, wie sehr zum ferneren Avancement eine Erweiterung meiner sehr geringen Kenntnisse notwendig sei. Hierzu bot sich mir eine günstige Gelegenheit dar. Einer meiner Kameraden, ein geborener Pfälzer, hatte sich als Student anwerben lassen und wenn er auch nicht in moralischer Hinsicht auf hoher Stufe stand, so war er doch wissenschaftlich sehr gebildet und sehr gemütlich im Umgange.

Als ich ihm mitteilte, wie gern ich die großen Lücken meines Wissens ausfüllen möchte, war er gefällig genug, mich in unseren Mußestunden zu unterrichten. Ihm habe ich es zu verdanken, dass ich damals notdürftig orthografisch schreiben, rechnen und etwas Geografie und Geschichte lernte. Der Hauptmann bemerkte meine Fortschritte mit großer Freude und ermunterte mich in meinem Streben durch die Versicherung, dass ich, so fortfahrend, zu höheren Chargen befördert werden würde.

Bald war ich auch zum Gefreiten avanciert, als im Jahre 1805 der Krieg mit Frankreich ausbrach und unser Regiment Marschorder erhielt.

3. Kapitel
Der Feldzug des Jahres 1806 - Der Rückzug nach der unglücklichen Schlacht bei Auerstedt - Meine Gefangennahme bei Lübeck - Die Flucht nach Berlin

In dem Feldzuge 1805 beteiligte sich die preußische Armee bekanntlich bei keiner Aktion; wir fanden also auch keine Gelegenheit, die beim Ausmarsch empfangene Munition gegen den Feind zu verwenden.

Ohne mich bei der Erzählung unwichtiger Ereignisse aufzuhalten, will ich nur erwähnen, dass wir in dem damaligen Kurfürstentum Sachsen einige Zeit an verschiedenen Orten kantonierten, uns dann nach Hessen wandten und, als die hannoverschen Länder an Preußen angetreten wurden, die Stadt Peyna besetzten, von wo wir nach Verlauf einiger Wochen nach Berlin zurückkehrten.

Als wir bald darauf im Frühjahr 1806 die Schweden ihre Feindseligkeiten gegen Preußen begannen, marschierten wir nach der Uckermark und bezogen in der Nähe der Stadt Pasewalk Kantonnementsquartiere.

Die Schweden beschränkten sich hauptsächlich auf die Blockade unserer Ostseehäfen und suchten nur von der Wasserseite her unsere Küste nicht unerheblichen Schaden zuzufügen, den eine Landarmee nicht abwehren konnte.

Ohne des Feindes ansichtig zu werden, lagen wir geraume Zeit in dem uckermärkischen Flecken Brüssow, dessen Einwohner uns auf das Beste verpflegten. Bei dem Mangel an Beschäftigung kam ich auf die Idee, ein Liebhabertheater zu etablieren. Mein Vorschlag fand bei dem gebildeterem Teile meiner Kameraden großen Beifall, bald war in dem Brüssower Spritzenhause ein improvisiertes Theater hergestellt und nun erheiterten wir beinahe jeden Abend unsere freundlichen Wirte durch die Aufführung kleiner Lustspiele, denen auch die Offiziere und einmal sogar der General beiwohnten.

Leider sollten wir aber diesen unschuldigen Belustigungen bald entsagen, denn zwei unserer Akteure, ein paar Ausländer, desertierten und begingen die Gemeinheit, einige uns von den Bewohnern Brüsswos als Theaterrequisiten anvertraute Kleidungsstücke mitzunehmen, infolgedessen das Schauspiel verboten und Thaliens Tempel seiner ursprünglichen Bestimmung - der Aufbewahrung zweier Feuerspritzen - wiedergegeben wurde.

Bevor wir Brüssow verließen, wurde ich zum Schützen befördert, musste jedoch in dieser Charge Unteroffiziersdienste verrichten.

Nach einigen Hin- und Hermärschen, bei denen wir aber vom Feinde keine Spur fanden, kehrten wir über Prenzlau nach Berlin zurück.

Inzwischen rüstete Preußen sein Heer zum Kriege gegen Frankreich und bald nach unserem Einrücken in Berlin erhielt auch unser Regiment Befehl, nach Sachsen aufzubrechen. Über Halle und Merseburg marschierten wir nach Erfurt, wo vor dem hochseligen Königspaar ein großartiger Vorbeimarsch stattfand, der beinahe bis zum Abend dauerte. Wer hätte ahnen können, dass zwei Tage später diese stattliche Armee in der unglücklichen Doppelschlacht von Jena und Auerstedt dem Kriegsglück der französischen Waffen unterliegen würde.

An jenem verhängnisvollen 14.Oktober stand ich, bei Auerstedt, zuerst dem Feinde gegenüber. Ich war damals in einer zu untergeordneten militärischen Stellung und strategisch viel zu ungebildet, als dass ich mich hier an eine Schilderung dieser Schlacht wagen könnte; auch würde ich durch einen so misslichen Versuch dem patriotischen Leser nur eine traurige Erinnerung an jene unglückliche Ereignisse erwecken, mit denen für unser Vaterland eine Zeit schwerer Prüfungen begann.

Jedermann weiß, dass unsere Armee durch die Ungunst der Verhältnisse zum Rückzuge gezwungen wurde. Dem Tage des Unglücks folgte eine Nacht des Schreckens. Von dem Feinde verfolgt war bei der allgemeinen Verwirrung an einen geordneten Rückzug nicht zu denken. Die Angst der Fliehenden und das Jammergeschrei der teils am Wege liegenden, teils sich mühsam fortschleppenden Verwundeten machte einen traurigen Eindruck. Es war ein schreckliches Bild des Kriegslebens, das der feurige Wiederschein der ringsumher in Flammen stehenden Dörfer grauenhaft beleuchtete.

Hungrig und im höchsten Grade ermattet, wollten wir in Nordhausen eine Rast halten, ehe wir aber noch einen Bissen zu uns nehmen konnten, wurden wir von dem uns seitwärts unaufhaltsam verfolgenden Feinde attackiert und in wilder Eile auf der Straße nach Magdeburg fortgetrieben, wo der Überrest des Heeres sich sammeln sollte.

Am anderen Tage wurde ich dazu kommandiert, mehrere Leichtblessierte zu eskortieren, mit denen ich mich unterwegs dem kombinierten Grenadier-Bataillon des Prinzen August[6] anschloss; statt aber nach Magdeburg zu marschieren, vereinigten wir uns mit dem Blücherschen Korps, mit dem wir bei Sandau die Elbe überschritten.

Bei Waaren in Mecklenburg wurden wir von den Franzosen angegriffen, doch kam es nur zu einem unbedeutenden Gefecht, nach welchem wir in forciertem Marsch Lübeck erreichten.

Trotz aller Bravour vermochte Blücher diese Stadt, deren mangelhafte und beschädigte Festungswerke ihm gegen den mit Übermacht anrückenden Feind den erhofften Schutz nicht gewähren konnte, nicht zu behaupten, denn schon am Tage nach der Besetzung wurde Lübeck von den Franzosen im Sturm genommen. Als Blücher mit der Mehrzahl seiner Truppen die Stadt schon verlassen hatte, ver-

---

[6] Nach der Kabinettsorder vom 28.Februar 1799, welche die zum 01.Juni in Kraft tretende Neuformation der Infanterie-Regimenter bestimmte, bildeten die Grenadierkompanien 29 Bataillone. Die beiden Kompanien des Infanterie-Regiments Nr. 13 *von Arnim* bildeten mit den Grenadier des Infanterie-Regiments Nr.1 *von Kunheim* ein Grenadier-Bataillon, dass vom 28.02.1799 durch Major Johann Friedrich von Klöden (Regiment Nr.13), seit dem 09.11.1799 von Major Friedrich Heinrich von Kleist (Regiment Nr.13) und ab dem 07.05.1803 durch Major Prinz August von Preußen (Regiment Nr.13) geführt wurde. (siehe dazu: Curt Jany, Geschichte der Preußischen Armee vom 15.Jahrhundert bis 1914, III.Band.)

suchte die Abteilung, zu der ich gehörte, von dem Feinde gedrängt, ebenfalls das Freie zu erreichen. Vor dem Burgtor sahen wir uns aber von einer solchen Übermacht umringt, dass wir das Gewehr strecken und uns als Gefangene ergeben mussten.

Wir wurden unter Misshandlungen in die Stadt getrieben, wo ich die siegestrunkenen Plünderer Schandtaten begehen sah, deren Erinnerung mich noch heute mit Abscheu und Ekel erfüllt.

Bei dieser Gelegenheit habe auch ich die von anderen häufig bestätigte Wahrnehmung gemacht, dass viele Soldaten der damals für Napoleon fechtenden Rheinbund-Armee die Nationalfranzosen an roher Brutalität bei weitem übertrafen; denn während diese sich mit der Plünderung begnügten, machten jene Süddeutschen sich ein bestialisches Vergnügen daraus, wehrlose Greise, Frauen und Kinder auf das scheußlichste zu misshandeln, ja - selbst zu ermorden.

Ich muss hier die Schilderung einer solchen Gräuelszene versuchen, weil der Ausgang derselben auch für mich sehr schmerzliche Folgen hatte:

In einer ziemlich schmalen Straße stand ich unter einem ansehnlichen Haufen Gefangener, von französischen Infanteristen bewacht, vor einem Hause, in welches einige betrunkene süddeutsche Soldaten eindrangen. Bald darauf riss eine junge Frau in der unteren Etage das Fenster auf und rief, ein Kind im Arme haltend, ängstlich um Hilfe.

Ganz deutlich konnte ich von meinem Platze aus sehen, wie im Hintergrunde des Zimmers ein Mensch von robustem Körperbau, der Ehemann der Hilferufenden, den ich, seiner Kleidung nach, für einen Seefahrer hielt, zwei Soldaten abzuwehren versuchte, die mit lüsternen Blicken auf die junge Frau eindrangen.

Mit einem großen Holzscheite hieb der Mann verzweifelt um sich, bis endlich einer der Angreifenden sein Gewehr auf ihn abfeuerte. Der Pulverdampf, der das Zimmer verhüllte, hinderte mich, die nächsten Folgen des Schusses zu sehen, ich hörte nur einen herzzerreißenden Angstschrei der Frau, der man wohl das Kind entrissen haben musste, denn gleich darauf wurde dasselbe in meiner Nähe auf das Straßenpflaster geschleudert. Dem armen Wesen, das höchstens einige Wochen alt zu sein schien, war der Schädel zerschmettert; ich hob es empor, aber nach wenigen Augenblicken hatte es in meinen Armen aufgehört zu atmen.

Gleich darauf schwankte der Vater des Kindes, aus mehreren Wunden blutend, zum Hause heraus. Mit Mühe nur konnte er sich auf den Füßen erhalten und rief mit der letzten Anstrengung seiner Stimme: „Hilfe, Hilfe! Sie wollen sie schänden!"

Dann entriss er mir die Leiche des Kindes, taumelte damit einige Schritte vorwärts und fiel zu Boden. Während ich mich mit einigen anderen Gefangenen um den Sterbenden bemühte, war die Frau aus dem Hause geflohen und warf sich, nach ihrem Kinde schreiend, zwischen uns.

Einer der Unholde, dem das Gesicht heftig blutete, stürzte ihr nach und schrie: „Haltet die ...., sie hat mir das Gesicht blutig gekratzt, ich will ihr die Nägel ein wenig beschneiden!"

Dabei schwang er den Säbel und würde die Frau unfehlbar verletzt haben, wenn ich, als der Zunächststehende, nicht seinen Arm festgehalten hätte.

„Lass mich los, Du preußischer Hund!", brüllte er vor Wut schäumend, aber durch diese Gräuelszene empört, packte ich, meine eigene Wehrlosigkeit als Gefangener ganz vergessend, ihn so fest, dass er förmlich mit mir ringen musste.

„Hau doch diesem Hunde die Klaue ab", schrie er seinem herbeieilenden Kameraden zu und ehe meine Leidensgefährten es verhindern konnten, versetzte mir dieser mit seinem Säbel einen Hieb auf den rechten Oberarm.

Jetzt wurden die beiden Wüteriche von den umstehenden Gefangenen entwaffnet. Es möchte ihnen vielleicht übel ergangen sein, hätten die uns bewachenden Franzosen nicht sofort Frieden gestiftet.

Meine Armwunde blutete stark, doch ließ man mir nicht Zeit, sie näher zu untersuchen, denn auf Befehl eines französischen Offiziers mussten wir den Schauplatz dieser blutigen Katastrophe sogleich verlassen und wurden bis vor das Burgtor eskortiert, wo wir auf einer ganz unbewohnten Straße Halt machten, die auf beiden Seiten von hohen Gartenzäunen begrenzt wurde. Ich war durch den Blutverlust schon sehr erschöpft, als ein Chirurgengehilfe, der unter den Gefangenen war, meine Wunde verband.

Gegen Abend wurde unsere Gesellschaft noch durch einen Trupp von Gefangenen vermehrt, die den verschiedensten Truppenteilen angehörten und unter denen sich auch mehrere Offiziere befanden. Wir hofften die Nacht über in irgendeinem verdeckten Raume vor der rauen Novemberluft geschützt zu werden; aber man ließ uns auf derselben Stelle unter freiem Himmel kampieren. Eine traurige Situation, namentlich für mich, der ich nicht nur von den Schmerzen meiner Blessur, sondern auch von einem hinzugetretenen Wundfieber gepeinigt wurde.

Die Umzäunung, welche die Straße auf beiden Seiten einschloss, war so hoch, dass man sie nur mit Hilfe einer Leiter hätte übersteigen können. Bei dieser Örtlichkeit mochten die Franzosen uns wohl hinlänglich bewacht glauben, wenn sie den von uns eingenommenen Teil der Straße von beiden Seiten besetzten. Hin und wieder nur patrouillierten einige, das Gewehr im Arm, durch unsere Reihen; dann gesellten sie sich wieder zu ihren Kameraden, von denen viele, wahrscheinlich infolge des reichlich genossenen Weines, eingeschlafen waren. Nur wenige erhielten sich wach und diese zechten und lärmten.

Gegen Morgen war es einem der Gefangenen gelungen, von der Wache unbemerkt, ein wahrscheinlich schlecht befestigtes Brett des Zaunes ohne sonderliches Geräusch so weit loszubrechen, dass jede einigermaßen schlanke Person durch die entstandene Öffnung hindurchschlüpfen konnte. Schon hatte ich eine beträchtliche Anzahl meiner Kameraden durch den Zaun verschwinden sehen, als das Verlangen nach der Freiheit in mir so rege wurde, dass ich, ohne mich lange zu bedenken, ihrem Beispiele folgte. Ich war ganz glücklich bei dem Gedanken, nun aus Leibeskräften laufen zu können, wodurch ich meine von Fieberfrost erstarrten Glieder zu erwärmen hoffte.

Um ins Freie zu gelangen, mussten wir über eine Menge Hecken und Zäune klettern, wobei meine Armwunde mir sehr hinderlich war. Doch überwand ich glücklich alle Hindernisse und hatte mit meinen Gefährten schon eine Landstraße erreicht, als wir in der Entfernung Flintenschüsse hörten, was uns auf die Vermutung brachte, die Franzosen möchten unsere Flucht entdeckt haben. Einige Flüchtlinge, welche uns bald darauf einholten, bestätigten dies.

In der Besorgnis, verfolgt zu werden, liefen wir auf Anraten eines Offiziers, der mit der Gegend bekannt sein wollte, auf dem Wege fort, der uns, nach seiner Meinung, zur Trave führen musste, wo wir zu Wasser unsere Flucht am sichersten fortzusetzen gedachten.

Bald waren aber meine durch Blutverlust und Fieber geschwächten Kräfte so erschöpft, dass ich meinen Kameraden nur in einiger Entfernung zu folgen vermochte. Indes waren auch sie, als wir bei Tagesanbruch ein Wäldchen erreichten, von dem schnellen Marschieren ermüdet und wollten hier, wo sie sich vor der Verfolgung sicher glaubten, eine kurze Rast einlegen. Sehr erfreut, endlich etwas Ruhen zu können, hatte ich mich eben zu ihnen gesetzt, als wir in geringer Entfernung eine starke Abteilung französischer Infanterie auf uns zukommen sahen, die bis dahin eine Biegung des Weges unseren Blicken verdeckt hatte.

Bestürzt sprangen wir auf und liefen in den Wald; hier war das Terrain aber durch den sumpfigen Boden für unsere Flucht so ungünstig, dass wir mit Ausnahme weniger, sämtlich ergriffen wurden. Ein armer Teufel, ein Soldat vom Regiment *Braunschweig* war von einer der zahlreichen Kugeln, welche die Franzosen uns beim Davonlaufen nachgeschickt hatten, in den Kopf getroffen und getötet worden.

Wir wurden nun nach dem nahe gelegenen Grenzorte Schlutup transportiert, in einen geräumigen Stall gesperrt und streng bewacht. Gegen Mittag reichte man uns Brot, womit wir unseren Hunger notdürftig stillten. Meine Gefährten versanken hierauf in einen sehr beneidenswerten Schlaf; ich aber wurde, trotz meiner Ermattung, durch die brennenden Schmerzen meines Armes, der fürchterlich angeschwollen war, wach erhalten.

Erst spät abends fielen auch mir die Augen zu; doch war es ein wenig stärkender Schlaf, den fieberhafte Träume beunruhigten. Am anderen Morgen wurden wir mit einem großen Transport von beinahe 600 Gefangenen, die sich Tags zuvor mit dem Rest des Blücherschen Korps bei dem Dorfe Ratekau ergeben hatten, zugestellt, und in der Richtung nach Berlin weiter eskortiert. Wir mussten täglich vier bis fünf Meilen marschieren, erhielten schlechte Nahrung und wurden während der Nacht meist in Kirchen oder Scheunen eingesperrt, Fast in jedem Nachtquartier wechselte unsere Eskorte. Bald begleiteten uns französischen Gendarmen, bald Infanterie, bald Kavallerie.

Mancher Gefangene fand Gelegenheit zu entkommen, doch ich hatte wenig Lust zu einem neuen Fluchtversuch, der mir um so misslicher erschien, als ich wusste, dass das Land ringsum in der Gewalt der Feinde war.

Über Ludwigslust, Wittstock und Ruppin gelangten wir nach sehr anstrengenden Märschen nach Berlin, wo wir auf dem damaligen Pontonhofe, an dessen Stelle jetzt Unter den Linden die Artillerie- und Ingenieur-Schule steht, übernachteten und dann weiter nach Leipzig marschierten.

Hier wurden wir aufgefordert, in dem von dem Fürsten von Isenburg organisierten deutsch-französischen Regimente Dienste zu nehmen. Ich gehörte zu denen, welche dies Anerbieten ablehnten und wurde mit diesen südwärts weiter befördert. Wir fürchteten, nach Frankreich transportiert zu werden und machten uns schon auf eine traurige Zukunft gefasst, doch brachte man uns nur bis Bamberg in Bayern, wo damals aus preußischen und österreichischen Gefangenen die so genannten la Tour Bataillone[7] formiert wurden.

Man stellte uns die Alternative, entweder in diese Bataillone einzutreten oder nach dem südlichen Frankreich transportiert zu werden. Die Mehrzahl meiner Kameraden erklärte sich für das Erstere und indem ich von zwei Übeln das Kleinste zu wählen glaubte, folgte ich diesem Beispiel in der Absicht, bei der ersten günstigen Gelegenheit davonzugehen und in mein Vaterland zurückzukehren.

Mit der Erklärung, Dienste nehmen zu wollen, wurde ich sofort aus dem Gefangenendepot entlassen und in die Stadt einquartiert. Bei dem Mangel an Montierungen für die neuorganisierten Truppenteile wurden mir meine schon sehr defekten preußischen Uniformstücke einstweilen noch belassen. Mein Wirt, ein Stubenmaler, hatte auf seiner Wanderschaft längere Zeit in Berlin gearbeitet und nahm mich, als er mein Schicksal erfuhr, mit um so mehr Freundlichkeit auf, als er überhaupt wenig Sympathien für die Franzosen hegte. Es bedurfte meinerseits nur geringer Andeutungen, so hatte er meine Absicht, den Franzosen zu entwischen, nicht nur erraten, sondern auch angeboten, mir zur Ausführung derselben behilflich zu sein.

Zunächst war dazu eine Veränderung meines Kostüms unerlässlich, daher gab er mir einige alte Zivilkleider, die ich gegen meine Montierung vertauschte. Ein alter, von allen möglichen Ölfarben schimmernder Rock, der mir um eine Welt zu weit war, gab mir zwar ein unvorteilhaftes Ansehen, doch glaubte ich ihn in Ermangelung eines Besseren mit Dank annehmen zu müssen.

Mein Wirt gab mir den Rat, mich zunächst nach Coburg zu wenden, weil ich auf diesem Wege am schnellsten das bayerische Gebiet, wo es für mich nicht geheuer sei, verlassen könne. Um meinen Mangel an Legitimationspapieren abzuhelfen, kam der erfinderische Mann auf den glücklichen Einfall, mir an seinen ebenfalls als Stubenmaler in Coburg wohnenden Bruder einen offenen Brief mitzugeben, in welchem er mich als einen Malergehilfen August Berg bezeichnete, den sein Bruder einer mündlichen Verabredung gemäß, den Winter über mit Schablonenzeichnen beschäftigen solle. Das Kostüm, meinte er, würde wesentlich dazu beitragen, die in dem Briefe über mein Gewerbe enthaltenen Aussagen zu bewahrheiten, denn ich sähe aus, wie eine leibhaftige Malerpalette.

---

[7] gemeint sind hier die Bataillone des 1.französischen Fremden-Regiments *la Tour d'Auvergne*, die am 30.September 1805 errichtet, zu Weissenburg organisiert und durch Dekret vom 03.August 1811 zum bereits genannten Regiment benannt wurden. Es zählte bei seiner Errichtung mehr als 3.000 Mann Ungarn, Böhmen, Preußen, Schweden, Russen, Österreicher, Polen, Hannoveraner, Sachsen, Bayern, Schweizer, Belgier etc.

Trotz seiner eigenen Bedürftigkeit drückte mir der brave Mann am nächsten Morgen einige Kreuzer in die Hand und mit diesen und dem Geleitbriefe in der Tasche machte ich mich getrosten Mutes auf den Weg.

Gegen Mittag fing es so heftig an zu regnen, dass ich froh war, eine Dorfschenke zu erreichen, in der ich mich eben an einem Kruge Bier und etwas Käse labte, als zu meinem Schrecken zwei bayerische Dragoner ins Zimmer traten, die ein paar Gefangene eskortierten.

Der eine Dragoner widmete mir sogleich seine ganze Aufmerksamkeit, musterte mich vom Kopfe bis zu den Füßen und fragte mich: „Woher des Weges?"

„Von Bamberg", gab ich ihm möglichst unbefangen zur Antwort.

Darauf wandte er mir den Rücken. Ich glaubte schon, das peinliche Examen sei hiermit beendigt, aber der andere, ein martialisch aussehender Kerl, der bis dahin noch immer auf das schlechte Wetter geflucht hatte, knüpfte nun die Unterhaltung mit der Frage nach meinem Pass sogleich wieder an.

„Einen Pass habe ich nicht", erwiderte ich, „doch ist hier ein Schreiben, dass mich hinreichend legitimieren wird."

Er sah eine Weile mit wichtiger Miene in den Brief, hielt denselben aber verkehrt vor die Augen, dann reichte er ihn seinem Kameraden mit der Bemerkung, er könne das verfluchte Gekritzel nicht lesen, weil er seine Brille nicht bei sich führe. Dieser wusste wohl, dass es an der Brille nicht liege und nahm den Brief im Vertrauen auf seine Gelehrigkeit mit einem spöttischen Seitenblick auf seinen Begleiter. Die Schrift war aber keineswegs ein Muster an Kalligrafie und er selbst jedenfalls ein sehr ungeübter Leser; denn nachdem er die Lippen lautlos zu einigen vergeblichen Buchstabierversuchen bewegt hatte, reichte er mir das Schreiben mit den Worten: „Es ist gut, er ist ein ganz ordentlicher Mensch."

„Na, so sieht er mir eben nicht aus", entgegnete der Brambaras[8], „man sollte ihn eher für einen Landstreicher halten. Was steht denn in der Schrift?"

Jener hatte aber gute Gründe, sich auf Spezialitäten nicht einzulassen, deshalb erwiderte er sichtlich verlegen: „Ich sage ja, es steht darin, dass Alles in Ordnung ist."

Die Unwissenheit der beiden Leute und ihre Eitelkeit, mit der einer dem anderen seine Schwächen zu verdecken suchte, brachte mir den sehr erwünschten Vorteil, dass sie sich weiter nicht um mich kümmerten. Demungeachtet fühlte ich mich aber in ihrer Gesellschaft so unbehaglich, dass ich nach einiger Zeit, trotz des heftigen Regen, die Schänke verließ und meine Wanderung fortsetzte.

Gegen Abend erhob sich ein furchtbarer Sturm, von Regengüssen begleitet, und bald überraschte mich eine solche Finsternis, dass ich bei meiner Unkenntnis des Weges Gott dankte, als ich nach langem, mühsamen Umhertappen ein Licht gewahrte, das in geringer Entfernung von mir sich hin und her bewegte. Bald hatte ich es erreicht und befand mich einem Frauenzimmer gegenüber, welches bei dem Schein einer Laterne aus einem Brunnen Wasser schöpfte. Als ich die Person anredete, leuchtete sie mir mit der Laterne dreist ins Gesicht. Es war ein junges Bauernmädchen, eine etwas derbe, aber freundliche Erscheinung.

---

[8] Brambaras - (veraltet) Aufschneider, Prahler

Schweigend betrachtete wir uns gegenseitig bei der immer noch hochgehobenen Laterne; da wir aber einander fremd waren, so musste uns beiden die Szene wohl gleich spaßhaft erscheinen, denn wir fingen *a tempo* herzlich an zu lachen.

Auf meine Frage, ob ich hier im Orte ein Wirtshaus fände, erwiderte das Mädchen, dass dies hier ein einzelnes Bauerngehöft und das nächste Dorf wohl noch über eine Meile von hier entfernt sei. Doch fügte sie sogleich hinzu, dass es bei der Dunkelheit und dem schlechten Wetter ein sehr beschwerlicher Weg werden würde, daher möchte ich nur den Bauern, ihren Herrn, um ein Nachtlager ansprechen.

Dieser wies mich aber mit den Worten ab, dass er für solche Vögel, wie ich einer sei, keine Herberge habe. Bei der Wiederholung meiner Bitte griff der rohe unbarmherzige Mensch nach einer Peitsche, von der er sicherlich Gebrauch gemacht haben würde, wenn ich noch einen Augenblick länger in seinem Hause verweilt hätte.

In meiner Entrüstung über diese Rohheit achtete ich wenig auf das immer heftiger tobende Unwetter und wandte dem ungastlichen Hause den Rücken. Aber es war so dunkel, dass ich bald vom Wege abwich, den ich nach langem Umhersuchen in der unmittelbaren Nähe des Bauernhauses erst wieder fand. Bei ruhiger Überlegung sah ich jetzt die Unmöglichkeit ein, meine Wanderung fortzusetzen, wenigstens nicht ohne die augenscheinliche Gefahr, die Nacht über in der Wildnis herumirren zu müssen. Während ich nun mit mir zu Rate ging, was ich beginnen sollte, erblickte ich wieder das bewegliche Licht; ich ging darauf zu und fand richtig die Bauerndirne abermals am Brunnen. Sie war von dem abschläglichen Bescheide, den mir ihr Brotherr erteilt hatte, unterrichtet und schalt über die Hartherzigkeit desselben. Hierdurch ermutigt bat ich sie, mir doch wenigstens ein Plätzchen in einer Scheune oder in einem Stalle zu gewähren, wo ich, vor dem bösen Wetter geschützt, die Nacht zubringen könnte.

Das Mädchen besann sich ein Weilchen, dann sagte sie in bäuerischer Naivität: „Ja, wenn Ihr nur kein Spitzbube seid, der uns hinterdrein bestiehlt; der Bauer würde mich totschlagen, wenn's herauskäme." Dann sah sie mir beim Schein der Laterne forschend in die Augen und fuhr fort: „s'Gesicht ist zwar nicht spitzbübisch, aber wer kann's wissen?"

Meine Versicherung, dass ich ein ehrlicher Mensch sei, bewog sie endlich, nachzugeben, doch riet sie mir, noch einige Zeit draußen zu verweilen, bis sie mit der Bäuerin die Kühe gemolken habe, dass wolle sie mir einen Platz in dem Kuhstalle anweisen.

Nach einer halben Stunde, während der ich hinter einem Zaune vor dem Unwetter einigen Schutz gefunden hatte, wurde ich denn auch in meine Auberge eingeführt, meine neue Freundin schien aber wenig Zeit zu haben, denn sie überließ mich der Gesellschaft von einem Dutzend Kühen, sie es sich auf ihrer Streu bequem machten. Die animalische Wärme meiner gehörnten Schlafkameraden bewirkte in dem Stall eine ganz erträgliche Temperatur, die aber von einem etwas zu prägnanten Parfüm de la Patcholi geschwängert war, an das sich mein Geruchsorgan indes bald gewöhnte. Einige Zeit darauf brachte meine Beschützerin mir einen

Napf mit dampfender Suppe, den ich mir nebst einem tüchtigen Stück schwarzen Brotes vortrefflich schmecken ließ.

In der Besorgnis, entdeckt zu werden, entfernte sich das Mädchen sogleich, kam aber später noch einmal wieder, um wie sie sagte das Geschirr zu holen. An ihren Fragen merkte ich jedoch bald, dass sie in Beziehung auf die Neugierde unter den Töchtern Evas eben keine Ausnahme mache; ich wollte nicht undankbar sein und suchte ihr Vertrauen dadurch zu erwidern, dass ich ihr meine Verhältnisse der Wahrheit gemäß mitteilte. Bis dahin hatte sie wohl immer noch einiges Misstrauen gegen mich gehegt, dies schien aber infolge meiner Erzählung vollständig zu schwinden, denn als sie sich entfernte sagte sie in ihrer treuherzigen Einfalt: „Eigentlich wollte ich Euch die Nacht über einschließen in den Stall, nun ich aber weiß, dass Ihr wirklich kein Spitzbube seid, mag die Tür offen bleiben, Ihr werdet uns gewiss keine Kuh stehlen."

Auf meinem weichen Heulager schlief ich diese Nacht köstlich und erwachte erst, als meine fürsorgliche Freundin mich am anderen Morgen zum Aufbruch mahnte. Zum Abschiede gab sie mir noch reichlich zu essen, wurde aber ganz ungehalten, als ich es bedauerte, so arm zu sein, dass ich ihre Wohltaten nicht belohnen könne.

Draußen dämmerte schon der Morgen, deshalb beeilte ich mich, ungesehen von dem hartherzigen Bauer, der mich wider seinen Willen beherbergt und gespeist hatte, den Hof zu verlassen.

In Coburg fand ich bei dem Bruder meines Bamberger Wirtes eine freundliche Aufnahme. Er beherbergte mich die Nacht und gab mir nicht nur ein kleines Reisegeld, sondern auch manchen guten Rat für mein Weiterkommen.

Nun ging ich nordwärts durch die sächsischen Herzogtümer, war aber schon am zweiten Tage so von allem Geld entblößt, dass ich um meinen Hunger zu stillen mich auf das Fechten legen musste. Oftmals wurde meine Bitte um ein Stück Brot oder um ein Nachtquartier schnöde zurückgewiesen, doch fand ich auf mildtätige Hände, die mir manches Almosen reichten.

Obwohl ich die Berührung aller größeren Städte, die auf meiner Route lagen, sorgsam vermied, war ich doch oft in großer Gefahr, unterwegs den Franzosen in die Hände zu fallen; in der Gegend von Bitterfeld wollte mich sogar ein Dorfschulze, den ich um eine Unterstützung ansprach, wegen mangelhafter Legitimation als Landstreicher verhaften. Als ich ihm aber mitteilte, ich sei ein preußischer Ranzionierter[9], stand er nicht nur von seinem Vorhaben ab, sondern gab mir auch reichlich zu essen.

In 14 Tagen hatte ich die Tour von Bamberg bis Berlin zurückgelegt, ich durfte es aber nicht wagen, eines der von Franzosen besetzten Tore bei Tage zu passieren. Deshalb erwartete ich im Tiergarten den Abend, stellte mich dann, wie ein Bedienter, hinten auf eine Kutsche und gelangte so ungehindert durch das Brandenburger Tor in die Stadt.

---

[9] Ranzionierter, ranzioniert - ein mit Lösegeld freigekaufter/ entlassener Soldat

Im vorigen Kapitel habe ich eine Witwe erwähnt, die, neben der Kaserne in der Kommandantenstraße wohnend, mit viel Gutes erwiesen hatte. Zu ihr begab ich mich in der Hoffnung, in meiner bedrängten Lage Unterstützung zu finden. In meinem seltsamen Aufzuge war ich der alten Dame völlig fremd. Wie jedem Bedürftigen, der an ihre Türe klopfte, ließ sie mir durch die Wärterin ein kleines Geldstück verabreichen und erkannte mich erst, als ich meinen Namen nannte. Die gute Frau rechtfertigte meine auf sie gesetzte Hoffnung vollkommen; denn ehe ich die Erzählung meiner Leiden noch beendigt hatte, erbot sie sich, mich bis auf weiteres in einem Dachstübchen zu beherbergen.

Nach so vielen Entbehrungen fand ich hier die Genüsse eines behaglichen Lebens, ein köstliches Abendbrot und vor allem ein schönes Federbett, das freilich auffallend kontrastierte mit dem Lager, das ich die letzte Nacht in einem Backofen unweit Potsdam gefunden hatte. Durch diese angenehme Veränderung meiner Lage war ich fast wie berauscht in einen süßen Schlaf versunken, aus dem ich erst spät am anderen Morgen erwachte. Und welche freudige Überraschung hatte meine Wohltäterin mir bereitet? Statt meiner alten, halb zerlumpten Kleider fand ich auf dem Stuhle einen fast neuen Anzug, in dem ich mich der edelmütigen Frau als eine ganz stattliche Zivilperson präsentieren konnte.

In Berlin war meines Bleibens aber nicht lange, denn die Franzosen hatten ihre Spione, welche die sich versteckt haltenden preußischen Ranzionierten auskundschafteten, nach denen zur Nachtzeit öfters Hausdurchsuchungen angestellt wurden.

Ein preußischer Offizier, vom Regiment *Tschammer*, den ich zufällig kennen lernte, vertraute mir seine Absicht, mit zwei anderen Ranzionierten nach Pommern zu gehen, um dort in dem von Schill zur Verteidigung Kolbergs organisierten Freikorps Dienste zu nehmen, wozu ich mich ebenfalls bereit erklärte.

Zufällig war der Rock, den meine Wohltäterin mir bei einem Althändler gekauft hatte, von grüner Farbe, was mich auf den Einfall brachte, diesmal statt eines Stubenmalers, einen reisenden Jäger zu repräsentieren. Zur Durchführung dieser Rolle fühlte ich mich bei weiterem fähiger, da ich das Handwerk ja erlernt hatte. Überdies stattete mich meine Wirtin mit einer alten Flinte und einer Jagdtasche aus, wodurch ich nun ganz das Ansehen eines weidgerechten Forstmannes erhielt.

So ging ich denn, mit 5 Talern Reisegeld versehen, gegen Ende des Februar 1807 heiteren Sinns zum Oranienburger Tore hinaus, um mich abermals dem Kriegsgotte zu weihen, der mir bis dahin eben nicht gnädig gewesen war.

4. Kapitel
Flucht zum Freikorps Schill - Die Kämpfe um Kolberg - Meine Gefangennahme - Erneut Kriegsgefangener

Um nicht die Aufmerksamkeit der Torwache auf uns zu ziehen, verließen wir Berlin nicht in Gemeinschaft, sondern einzeln durch verschiedene Tore und vereinigten uns der Verabredung gemäß bei Oranienburg. Auf dem geraden Wege nach Pommern zu gelangen, hielten wir für unmöglich, weil wir dorthin überall französischen Truppen begegnet sein würden; wir beschlossen daher, uns zunächst nach Mecklenburg zu wenden, wo wir von Rostock oder Wismar aus zu Schiff entweder nach Kolberg zu Schill, oder nach Ostpreußen zu unserer großen Armee zu gelangen hofften.

Bald bemerkten wir indes, dass das Reisen in Gemeinschaft zu Vieren sehr misslich sei und trennten uns daher, bevor wir noch die mecklenburgische Grenze erreicht hatten, wobei ich nordwestwärts beinahe dieselbe Straße einschlug, welche ich vor einem Vierteljahr als Gefangener von Lübeck aus passiert hatte.

Mir gereichte diese Trennung von meinen Kameraden nicht zum Nachteil, denn ich hatte nun, da ich ungeniert allein wanderte, hinlängliche Muse, von der großen Straßen abzuweichen und bei den Forstbeamten in meiner Rolle als Jäger das Handwerk zu begrüßen, was mir so viel einbrachte, dass ich meinen Reisefonds gar nicht angreifen brauchte.

So war ich ungehindert bis Schwerin gekommen und wollte ganz unbefangen zur Stadt hineingehen, als ich am Tore angehalten und da ich mich nicht legitimieren konnte, gezwungen wurde im 3.holländischen Jäger-Regiment, das dort kantonierte, Dienst zu nehmen. An meiner militärischen Haltung mochten die Holländer wohl den preußischen Ranzionierten erkennen, weshalb sie mir die Ehre erwiesen, mich sogleich zum Korporal zu machen. Da ich aber nur meinem Vaterlande dienen wollte, so hing ich nach elf Tagen Waffen und Montierung an den Nagel, kostümierte mich wieder als Jäger und machte mich auf den Weg nach Schwedisch-Pommern, wo ich zu Wasser weiter zu kommen gedachte.

Ein Bäcker, bei dem ich in Schwerin einquartiert gewesen war, hatte mit die Marschroute bezeichnet, auf der ich, ohne die von den Franzosen besetzten Städte Sternberg und Güstrow zu berühren, Pommern glücklich erreichte.

Zwischen Anklam und Gützkow ließ ich mich über die Peene setzen und kam dann nach Greifswald. Hier wurde ich aufgefordert, in ein schwedisches Regiment einzutreten; als ich aber erfuhr, dass sich in dem benachbarten Städtchen Laßan ein kleines Kommando aufhielt, das für Schill Soldaten engagierte und Armaturstücke sammelte, die zur See nach Kolberg expediert werden sollten, begab ich mich sogleich dorthin, wo mich die Schillianer freundlich willkommen hießen.

Das nächste nach Kolberg gehende Schiff konnte erst in etwa 14 Tagen expediert werden, weshalb ich, um bis dahin nicht ganz untätig zu sein, mich zwei Schillschen Oberjägern anschloss, welche beauftragt waren, in Vorpommern und der Uckermark Waffen anzukaufen.

Wir ließen uns, alle drei in Zivilkleidern, mit Flinten und Jagdtaschen versehen, nach der Insel Usedom übersetzen. Das Unternehmen war keineswegs gefahrlos, denn auf der Insel standen französische Truppen, die, wenn sie uns erwischt hätten, mit uns kurzen Prozess gemacht haben würden. Einer meiner Gefährten war indes mit der Gegend genug bekannt und führte uns auf Schleichwegen bis zu einem am Ufer des Haffs gelegenen Fischerhause, West-Klühn genannt, dessen Bewohner uns in einem Boote über das Haff fahren sollten.

Wir fanden aber niemand zu Hause und beratschlagten, am Wasser stehend, auf welche Weise wir unsere Reise nun fortsetzen könnten, als in einiger Entfernung auf dem hier etwas bergigen Haffufer eine französische Patrouille erschien und gerade auf uns zu marschierte. Landwärts konnten wir den Franzosen nicht entkommen; es blieb uns nichts anderes übrig, als eiligst eins der Fischerboote, das glücklicherweise mit Segel und Rudern versehen war, zu besteigen und damit haffeinwärts zu fahren. Wir waren alle drei der Schifffahrt ziemlich unkundig, doch half uns der vom Lande abwärts wehende starke Nordwestwind mehr vorwärts als unser rudern, so dass wir wegen der Franzosen binnen Kurzem unbesorgt sein konnten.

Mitten auf dem Haff, das an dieser Stelle nur eine Meile breit ist, überraschte uns der Abend und bald hinderte uns die Dunkelheit irgendetwas vom Lande zu sehen, wobei wir natürlich die Richtung, in der wir steuern mussten, um das jenseitige Ufer zu erreichen, gänzlich verfehlten. Dazu fing der Wind an so kräftig aufzuspielen, dass wir mit unserem, ohnehin sehr geringen Seemannslatein bald zu Ende zu kommen fürchteten. Je dunkler es wurde, desto ungestümer brauste der Sturm und regte das Haff zu mächtigen Wellen auf, deren Spritzwasser uns noch mehr als der gleichzeitig in Strömen herabfließende Regen bis auf die Haut durchnässte.

Als nun gar meine beiden Kameraden durch die schwankenden Bewegungen des Fahrzeuges seekrank wurden, musste ich allein dasselbe, so gut es gehen wollte, mit dem Steuer vor dem Winde zu halten suchen. Wahrscheinlich hatte ich aber das Segel zu straff eingeholt, denn das Boot folgte dem Steuer nicht mehr, schoss in den Wind und dieser blies nun von der Seite her mit solcher Gewalt in das Segel, dass das Boot auf der so genannten Leeseite Wasser schöpfte und umzuschlagen drohte. Glücklicherweise verlor ich in diesem kritischen Moment nicht die Geistesgegenwart, ließ schnell das Segel los und hob es samt dem Mast, an welchem es befestigt war, aus der Ruderbank. Aber trotz aller Anstrengungen war es mir nicht möglich, Mast und Segel im Boote zu bergen, der Sturm nahm mir beides wie eine Feder aus den Händen und führte es über Bord. Es war eben die höchste Zeit, dass ich das Segel entfernte, denn gleich darauf kamen ein paar furchtbare Windstöße, die das Boot unfehlbar umbestoßen haben würden, wenn es das Segel noch geführt hätte. So aber hielt es sich wenigstens auf den Wellen, die es nun, wie ein willenloses Spielzeug gewaltsam auf sie heruntanzen ließen.

In solchen Momenten der Gefahr werden einem die Minuten zu Stunden; ich weiß daher nicht, wie lange wir so auf den Wogen fortgetrieben wurden. Indes wurde der Wind allmählich etwas schwächer, aber desto stärker fing es an zu regnen.

Endlich stieß das Fahrzeug auf den Grund, ein paar Mal hoben die Wellen es noch empor, dann lag es fest. Unsere Freude, als wir das Land unter den Beinen fühlten, war unbeschreiblich! Mit frischem Mut zogen wir nun das Boot aufs Trockene, kehrten es um und suchten darunter Schutz vor dem Regen. In den ganz durchnässten Kleidern froren wir aber so fürchterlich, dass wir in dieser Situation es nicht länger aushalten konnten; überdies wurden wir auch von wütendem Hunger geplagt, weshalb ich mich entschloss, auf Rekognoszierung[10] auszugehen, um zu erforschen, wo wir uns befänden, möglicherweise auch etwas Essbares aufzutreiben.

Kaum war ich das steile Haffufer emporgeklettert, so vernahm ich das Klappern einer nahe gelegenen Mühle, avertierte[11] hiervon meine Gefährten und stand bald auf der Mühle einem Burschen gegenüber, von dem ich erfuhr, dass wir uns bei dem Dorfe Stolpe auf der Insel Usedom befänden, wohin uns der Wind, der während unserer Wasserfahrt von Nordwesten nach Südwesten herumgegangen war, verschlagen hatte. Meine Kameraden waren mir zur Mühle gefolgt und teilten mit mir ein uns von dem Müllerburschen gereichtes Stück Brot und einen Rest Branntwein, dessen Genuss uns neue Kräfte verlieh.

Unglücklicherweise standen nun aber Franzosen im Dorfe, die, nach Aussage des Müllerburschen, soeben, es was Sonntagabend, in der Schäferei tanzten, während die Offiziere im Hause des Gutsherrn einen großartigen Ball feierten, zu dem von nah und fern eine Menge französischer Offiziere gekommen waren.

Unter solchen Umständen fanden wir es zwar sehr bedenklich, uns in das Dorf hinein zu wagen, indes sehnten wir uns zu sehr danach, unsere, von der eisigen Nässe fast erstarrten Glieder zu erwärmen, als das wir Lust gehabt hätten, uns bei dem schlechten Wetter noch auf den Weg zu machen, wobei wir den Feinden möglicherweise ebenso gut in die Hände fallen konnten. Überdies versicherte der Müllerbursche, dass sowohl des Gutsbesitzer als namentlich der Prediger des Ortes, beides patriotische Männer, schon öfter einzelne Schillianer von den Franzosen verborgen hätten und sich auch unserer gewiss annehmen würden.

In der Tat fanden wir denn auch im Pfarrhause, wohin wir unter dem Schutz der Dunkelheit geführt wurden, einen Zufluchtsort. Mit freundlicher Bereitwilligkeit räumte der Prediger uns sein in dem oberen Stockwerk gelegenes Studierzimmer ein, wo wir am warmen Ofen unsere Kleider trockneten, ein gutes Abendbrot genossen und trotz der Nähe der Feinde, deren Tanzmusik nun zu uns herüberschallte, ganz köstlich schliefen.

Die Absicht, uns am anderen Morgen in aller Frühe einzuschiffen, wurde durch den nach Mitternacht sich mit Heftigkeit erneuernden Sturm vereitelt. Daher mussten wir den ganzen folgenden Tag in unserem Versteck sitzen bleiben und konnten erst am nächsten Morgen bei ruhigem Wetter unseren leutseligen Wirt verlassen, der für ein mit Fährleuten bemanntes Boot gesorgt hatte.

Als mich nach Jahren das Geschick in meiner gegenwärtigen Stellung wieder nach dieser Gegend führte, gab ich mich diesem würdigen Geistlichen als einen jener Schillianer zu erkennen, an dem er ein solches Werk christlicher Liebe

---

[10] Rekognoszierung - (veraltet) Aufklärung

[11] avertieren - (veraltet) unterrichten, benachrichtigen

bewiesen hatte. Der wegen seiner Biederkeit hochgeachtete Mann lebt noch als Superintendent in Usedom, wo ich öfter die Gelegenheit hatte, mich im traulichen Gespräche mit ihm jener trüben Zeit zu erinnern, in der er, wie ein echter Patriot, manches schwere Opfer dargebracht hat.

Diesmal war unsere Wasserfahrt glücklicher, denn nach wenigen Stunden landeten wir am jenseitigen Ufer des Haffs, von wo aus wir das Land durchstreiften. In Mecklenburg und besonders in der Uckermark sammelten wir eine bedeutende Menge Waffen, welche seit den unglücklichen Kriegsereignissen des vorigen Jahres in den Händen der Landleute waren und uns nun meist ohne Bezahlung überlassen wurden. Überall, wohin wir kamen, fanden wir bei den patriotisch gesinnten Einwohnern freundliche Aufnahme, und nirgends gebrach es uns an bereitwilligen Führern, die uns nicht selten auf heimlichen Wegen zwischen den französischen Truppen glücklich hindurchführten.

Auf dem Rückwege führten uns die Geschäfte auch nach Ueckermünde, wo wir in einem Wirtshause ganz gemächlich frühstückten, obwohl ein spanisches Regiment im Orte war.

Als ich hier dem damaligen Postmeister einen Brief zur Beförderung übergab, hatte ich natürlich keine Ahnung davon, dass ich nach dreizehn Jahren der Nachfolger in seinem Amte werden würde. Bei Kuhlerort am Haff luden wir die Waffen in ein Fahrzeug und brachten sie zu Wasser nach Lassan.

Wenige Tage darauf, Anfang April, segelte ich in Gesellschaft mehrerer Ranzionierter mit einem Küstenfahrer von Wieck bei Greifswald nach Kolberg ab und kam dort nach einer kurzen Fahrt schon Tags darauf mitten in dem Gewühl der Belagerung an.

Hier wurde ich nun der zum Schillschen Korps gehörigen von Grubenschen[12] Kompanie überwiesen, aber schon nach einigen Tagen auf meinen Wunsch in das Schillsche Jäger-Korps eingestellt.

Die Festung Kolberg war damals schon eng zerniert, dass Schill sich hauptsächlich auf die Verteidigung der so genannten Maikuhle, eines am linken Ufer der Persante, unweit der Mündung derselben in die Ostsee gelegenen Gehölzes beschränken musste.

---

12 Johann Friedrich Wilhelm von Gruben I. Er stand am 27.August 1794 als Fähnrich im Infanterie-Regiment *Rüchel* (Nr.30) und wurde dort am 06.Oktober 1797 zum Lieutenant befördert. Er trat am 09.April 1807 als Premier-Lieutenant ins Schillsche Korps ein, erhielt für seine Verdienste den Militär-Verdienst-Orden und wurde unter dem Datum des 21.Mai 1808 Stabs-Kapitän im Bataillon Schill. Nach dem Ende der Belagerung wurde er am 20.August 1808 ins Leib-Infanterie-Regiment versetzt und am 26.05.1809 dem 3.ostpreußischen Infanterie-Regiment aggregiert. Am 04.Juni 1812 wurde er dem 1.westpreußischen Infanterie-Regiment als Kompaniechef aggregiert und dort am 01.September 1815 zum Major befördert. Er erhielt am 30.September 1816 seinen Abschied im Range eines Oberstleutnants und verstarb am 25. April 1844.

Seit meiner Ankunft wurden wir fast täglich vom Feinde, der immer ernstlichere Unternehmungen auf die Maikuhle versuchte, beunruhigt; doch war unser Korps so von dem Geiste seines Anführers beseelt, dass diese mit bedeutender Übermacht vollführten Angriffe stets zurückgeschlagen wurden.

Am 12.April konzentrierte die Franzosen bei dem Dorfe Sellnow eine Macht von einigen tausend Mann zu einem entscheidenden Angriff auf die Maikuhle; der schnell entschlossene Schill zog ihnen aber mit seinem ganzen Korps entgegen und wusste die den feindlichen Truppen ungünstigen Terrainverhältnisse so rasch und glücklich zu benutzen, dass diese sich in einen Morast verwickelten und in wilder Verwirrung zurückgeschlagen. Hätte Schill an diesem Tage aus der Festung die von ihm gewünschte Unterstützung erhalten, so würde sein Unternehmen für die Belagerten wahrscheinlich von großartigem Erfolge gewesen sein, so aber beschränkten sich die dabei errungenen Vorteile auf die Vertreibung der Franzosen aus dem Dorfe Werder, wodurch uns wenigstens die freie Passage längs dem Strande erhalten wurde.

In dieser Zeit war ich einige Male bei Schill als Ordonnanz kommandiert und hatte auch Gelegenheit, seinen Freund Nettelbeck, einen trotz seiner Derbheit höchst achtungswerten Patrioten, kennen zu lernen.

Der Feind, der durch unsere Behauptung der Maikuhle in seinen Operationen gegen die Festung von der Westseite her sehr beschränkt wurde, erkannte wohl zu gut die Wichtigkeit dieser Position und unterließ daher nicht, uns durch häufige Überfälle zu beunruhigen, wodurch unser Dienst im höchsten Grade beschwerlich wurde.

Dessen ungeachtet und obwohl wir nicht einmal regelmäßig Löhnung erhielten, auch sogar an Lebensmitteln offenbaren Mangel litten, war das Korps stets von dem besten Geiste beseelt, was unter so schwierigen Umständen gewiss alle Anerkennung verdient. So gut er irgend konnte, sorgte Nettelbeck für die Verpflegung seiner Kinder, wie er uns immer nannte; dafür wurde er aber auch von allen wie ein Vater verehrt.

Als Schill persönlich inzwischen Kolberg verlassen und sich nach Neu-Vorpommern begeben hatte, um auch von dort aus gegen den Feind zu operieren, wurde ich einem dorthin behufs der Sammlung von Armaturstücken abgehenden Kommando zugesellt.

Wir wandten uns derselben Richtung zu, welche ich bei der vorerwähnten, zu gleichem Zweck unternommenen Expedition besucht hatte, wobei uns meine Kenntnis der Lokalverhältnisse sehr zustatten kamen. Besonders war es wieder das vom Haff begrenzte Gebiet, welches wir trotz der Anwesenheit zahlreicher feindlicher Truppen durchzogen.

Die glücklichen Erfolge unserer Unternehmungen machten uns fast verwegen, doch waren wir einmal in der Gegend von Anklam in großer Gefahr, von den Holländern, die uns auf dem Fuße verfolgten, aufgehoben zu werden. Glücklicherweise erreichten wir aber noch zu rechter Zeit das Wasser, wo uns nur der Umstand rettete, dass unseren Verfolgern kein Fahrzeug zur Disposition stand.

Meine Beteiligung an solchen Streifereien hielt mich wiederholt von Kolberg entfernt, weshalb ich mich auf eine Beschreibung um so weniger einlassen kann, da dieser Ereignisse von anderen viel ausführlicher geschildert worden sind, als Raum und Zweck dieses Buches mir gestatten. Ich wende mich daher zu einem Ereignis, bei dem ich persönlich beteiligt war und dessen Folgen über mein Geschick wiederum entscheiden sollten.

Während nämlich der Feind am 01.Juli in der frühesten Morgenstunde von allen Seiten ein furchtbares Bombardement auf die Festung eröffnete, wurden wir in der Maikuhle von zwei Seiten mit solcher Heftigkeit überfallen, dass es unmöglich war, der gegen unsere verhältnismäßig viel zu kleine Schar anstürmende Übermacht zu widerstehen.

Umsonst waren die Anstrengungen des in Schills Abwesenheit kommandierenden Lieutenants von Gruben I., umsonst unsere wahrhaft verzweifelte Gegenwehr. Zum Rückzuge gezwungen, blieb den Unsrigen kaum noch Zeit, sich über die nach dem anderen Ufer der Persante führende Brücke zurückzuziehen. Ehe ich aber mit etwa 20 Kameraden dieselbe erreichen konnte, war sie in ängstlicher Hast vor uns abgebrochen und unsere kleine Schar von dem nachfolgenden Feinde umzingelt worden.

Unter Misshandlungen wurden wir entwaffnet, nach einer bei dem Dorfe Sellnow gelegenen Schanze gebracht und dort der über unsere Gefangennahme jubelnden Besatzung gleichsam als Wundertiere gezeigt.

Bekanntlich haben die Truppen Schills sowohl bei der Belagerung von Kolberg, als auch bei einzelnen mit vielem Glück vollführten Expeditionen so viel Kühnheit bewiesen und den Franzosen so erhebliche Nachteile zugefügt, dass man sich ihre Freude über einen so guten Fang an den Strick-Chasseurs, wie sie uns spottweise nannten, erklären kann.

So war ich denn zum zweiten Male als Gefangener in Feindes Händen und ging mit bangem Herzen einer trüben Zukunft entgegen. Obwohl sich unter den Gefangenen, die den verschiedenen Truppenteilen Schills angehörten, mehrere Blessierte befanden, wurde wir, sobald die Wunden derselben verbunden waren, unter starker Bedeckung sämtlich in einigen Tagesmärschen nach Stettin transportiert.

Hier führte man uns vor das so genannte Landhaus, wo der Marschall Soult, damals Gouverneur von Stettin, uns vom Balkon herab mit sichtbarem Wohlbehagen in Augenschein nahm.

Während wir hungrig und ermüdet auf der Straße standen, wurden uns von einigen braven Bürgern, die unser trauriges Los bemitleideten, verschiedene Lebensmittel gereicht, aber die brutalen Italiener, welche uns eskortierten, schlugen uns neidisch die erhaltenen Speisen aus den Händen, dass sie in den Straßenkot fielen und dadurch ungenießbar wurden.

In dem Fort Preußen bei Stettin wurden wir in Kellergefängnissen eingesperrt, welche man sonst nur zur Aufbewahrung der gefährlichsten Verbrecher benutzte. Die wenigen Speisen, welche wir erhielten, waren fast ungenießbar und da man uns nicht einmal ein wenig Stroh zum Lager bewilligt, mussten wir die Nacht über auf den bloßen Steinen schlafen. Dieser höchst ungesunde Aufenthaltsort wirkte so nachteilig auf unsere Blessierten, dass die meisten derselben unvermögend waren, am anderen Tage den Marsch mit uns fortzusetzen und mussten daher im Lazarett zu Stettin zurückbleiben. Einige andere, welche bei ihren Blessuren die anhaltenden Beschwerden des Marsches nicht ertragen konnten, blieben unterwegs an verschiedenen anderen Orten zurück, so dass wir nur unser sechzehn in Berlin ankamen.

Als wir durch die Straßen Berlins nach dem Ordonnanzhause geführt wurden, machte es einen wohltuenden Eindruck auf mich, wie in Stettin so auch hier überall mitleidsvollen Blicken zu begegnen. Die Teilnahme der Einwohner an dem Geschicke der gefangenen Schillianer äußerte sich durch zahlreiche Gesten, namentlich an Geld, das uns von den Vorübergehenden in die Hand gedrückt wurde.

Am nächsten Morgen mussten wir Berlin wieder verlassen. Die Richtung, welche wir nun einschlugen, schien die Vermutung, dass man uns nach Frankreich transportieren würde, zu bestätigen. So lange wir uns auf preußischem Gebiete befanden, wurde unsere Lage wenigstens in materieller Hinsicht durch die Wohltaten von vielen Patrioten wesentlich erleichtert, als wir aber im Auslande solche Sympathien nicht mehr fanden, mussten wir bei der höchst dürftigen Verpflegung nicht selten Not leiden.

So kamen wir nach Mainz, ohne dass einer von uns die Gelegenheit zur Flucht gefunden hatte, weil wir mit zu großer Sorgfalt bewacht wurden. Unsere Hoffnung auf Freiheit schwand immer mehr, als wir die französische Grenze überschritten und auf keine Unterstützung von außen her rechnen durften.

Endlich erreichten wir die französische Festung Metz, den Ort unserer Bestimmung. Die Kasematten, in welche wir einquartiert wurden, waren dumpfe, feuchte Räume, an deren Wänden trotz der warmen Jahreszeit, in der wir uns befanden, das Wasser förmlich herabtröpfelte. Diesem schlechten Quartier war auch unsere Beköstigung entsprechend. Täglich erhielten wir nur ein Pfund Brot und einmal warmes Essen, aus schlecht gekochtem Gemüse bestehend und für unseren Appetit nicht einmal ausreichend.

Kaum eine halbe Stunde waren wir täglich in einem schmalen umgitterten Raum vor den Kasematten der frischen Luft ausgesetzt; kein Wunder also, wenn sich schon nach acht Tagen einigen, zu denen ich leider auch gehörte, die Folgen dieser höchst ungesunden Lebensweise in heftigen Fieberanfällen äußerten. Dazu wurden wir noch von Ungeziefer aller Art heftig geplagt, das sich bei der in unserem Gemach herrschenden Unreinlichkeit auf eine Schrecken erregende Weise vermehrte.

Der Invalide, welcher bei uns den Gefangenenwärter spielte, hatte unsere Naturalverpflegung übernommen und machte dabei guten Profit. Er erhielt nämlich, wie wir später erfuhren, für jeden Gefangenen fünf Sous, das schlechte Essen, welches er uns dafür lieferte, kostete ihn aber kaum die Hälfte.

Durch die Beförderung der Kranken ins Lazarett würde er nun einen Teil seines Verdienstes verloren haben, deshalb stellte er sich, wenn wir ihn baten, uns krank zu melden, als wäre ihm unsere Sprache ganz unverständlich, obwohl wir dem alten Schelm alles andere recht gut begreiflich machen konnten. Eigennutz und Habgier machten ihn so unbarmherzig, dass er den traurigen Zustand gar nicht beachtete, in welchem wir auf dem vor der Nässe halb verfaulten Stroh im fürchterlichen Fieberfrost vor seinen Augen dalagen.

Unter diesen Umständen waren schon mehrere Tage vergangen, ohne dass außer dem Invaliden jemand zu uns gekommen wäre, dem wir unsere Not hätten klagen können.

Als ich aber eines Tages während der Freistunde vor der Tür unseres Gefängnisses stand und meinen von Fieberfrost geschüttelten Körper behaglich von der Mittagssonne bescheinen ließ, gingen einige Offiziere an unserem Gitterzaune vorüber. Um ihre Aufmerksamkeit auf mich zu lenken, redete ich sie bei meiner Unkenntnis der französischen Sprache nur mit dem Worte *„Messieurs"* an, worauf sie stehen blieben.

Auf meine Frage, ob nicht einer der Herren Deutsch verstünde, trat ein junger Offizier heran und fragte nach meinem Begehren. Nun schilderte ich ihm unsere traurige Lage und bat ihn, dafür zu sorgen, dass wir Kranke ins Lazarett gebracht würden.

Unser sauberer Invalide wurde sehr kleinlaut, als der Offizier, ein Adjutant der Kommandantur, auf Französisch ihm mit Heftigkeit einige Worte sagte, welche ich zwar nicht verstand, die mir aber eben keine Schmeicheleien zu sein schienen. Hierdurch ermutigt, bat ich den Offizier, auch für meine Kameraden ein gesünderes Quartier zu erwirken. Er trat in unser Gefängnis ein und versprach, als er sich von der darin herrschenden Unreinlichkeit überzeugt hatte, für uns zu sorgen. Nicht lange darauf erschien denn auch ein Militärarzt, mit dem wir uns in unserer Muttersprache verständigen konnten. Dieser erklärte fünf von uns für krank und ließ uns in ein Lazarett bringen. Zugleich mussten auch die übrigen Gefangenen, zu allgemeiner Freude, die Kasematten mit einem Zimmer in einer Kaserne vertauschen.

Im Lazarett wurden wir zunächst vom Ungeziefer gereinigt und erhielten reine Wäsche, leinene Pantalons und Jacken von demselben Stoff. Die Arznei war bei mir von so guter Wirkung, dass ich schon nach vierzehn Tagen, vom Fieber befreit, meinen Kameraden in der Kaserne wieder zugestellt werden konnte. Bevor ich aber das Lazarett verließ, wurden mir meine Kleider, welche man inzwischen gereinigt hatte, wiedergegeben, Pantalons und Jacke durfte ich indes nicht mitnehmen.

War die Beköstigung in der Kaserne auch nicht viel besser, als die in den Kasematten, so herrschte hier doch mehr Reinlichkeit und eine gesündere Luft.

Schon hatte ich in der Gesellschaft meiner Kameraden mehrere Tage gegen die Langeweile, von welcher wir gemeinschaftlich geplagt wurden, angekämpft, als uns von einem Offizier angekündigt wurde, dass wir von nun an zum Festungsbau verwandt werden sollten, dass aber diejenigen damit verschont bleiben würden, welche geneigt wären, französische Dienste zu nehmen. Hierzu hatte indes niemand Lust und so mussten wir den in denn Festungswerken mit Hacke, Spaten und Karre an die Arbeit gehen.

Meine Leidensgefährten waren sehr unzufrieden, dass sie als Kriegsgefangene zu solchen Arbeiten angehalten wurden, welche bei uns die Sträflinge verrichten müssen; mir war indes diese Beschäftigung immer noch lieber, als jene Untätigkeit in der Kaserne, welche meinem rastlosen Geiste sehr wenig zusagte. Überdies hatte ich mich schon seit einiger Zeit mit dem Gedanken beschäftigt, mich zu ranzionieren, wozu ich nun eher Gelegenheit zu finden hoffte.

Am hinderlichsten erschien mir dabei meine militärische Kleidung und der Mangel an Legitimationspapieren, ohne die ich, bei der Wachsamkeit der französischen Polizei, das deutsche Gebiet schwerlich erreicht haben würde. So viel ich mir nun auch mit allerlei Plänen den Kopf zerbrach, konnte ich doch kein Mittel zur Ausführung derselben finden und als nun gar mehrere meiner Kameraden, die bei der Arbeit in den Außenwerken davongelaufen waren, bald nach ihrem Entweichen immer wieder eingebracht wurden, glaubte ich, von meinem Vorhaben gänzlich abstehen zu müssen.

Eines Tages wurde ich beauftragt, in der Begleitung eines Soldaten einige Gerätschaften aus der Stadt zu holen. Als wir an einem Bäckerladen kamen, trat ich hinein, um mir für einen Sous, der mein ganzes Vermögen ausmachte, etwas Brot zu kaufen. Der Bäcker reicht mir das verlangte Brot, fixiert mich und nennt meinen Namen. Erstaunt betrachte ich den Mann genauer und erkenne in ihm einen alten Kameraden vom Regiment *von Arnim*. Er lud mich samt meinem Begleiter ein, näher zu kommen, ließ ein Frühstück und Wein auftragen und dann musste ich ihm meine Erlebnisse erzählen.

Von seinen Verhältnissen war mir aus früherer Zeit nur bekannt, dass er aus Frankfurt am Main gebürtig, als reisender Bäckergeselle nach Berlin gekommen und dort in Verhältnisse geraten war, die ihn nötigten, sich anwerben zu lassen.

Während wir im Jahre 1805 Hannover besetzt hatten, war er vom Regiment desertiert und nun erfuhr ich weiter von ihm, dass es ihm gelungen war, in seine Heimat zurückzukehren. Dort hatte er sich wieder seinem Handwerk zugewandt, doch hatte es ihm in seiner Vaterstadt nicht recht glücken wollen, weshalb er wieder auf die Wanderschaft gegangen und nach Metz gekommen war, wo er Arbeit gefunden und eine wohlhabende Bäckerswitwe geheiratet hatte.

Der französische Soldat, ein ehrlicher Gascogner, ließ es sich vortrefflich schmecken und kümmerte sich wenig um unsere Unterhaltung, welche ihm übrigens unverständlich war, da wir sie in deutscher Sprache führten.

Ich nahm daher keinen Anstand, meinem ehemaligen Kameraden, der mir als schlauer Mensch bekannt war, mitzuteilen, dass ich sehnlichst wünschte, in mein Vaterland zurückzukehren und deutete ihm die Hindernisse an, welche der Ausführung meines Planes entgegenstanden. Zu meiner größten Freude wusste er auch sogleich Rat, versprach mir nicht nur Zivilkleider, sondern auch die erforderliche Legitimation zu verschaffen und riet mir, eine günstige Gelegenheit abzuwarten, um unbemerkt zu ihm zu kommen.

Seit längerer Zeit waren keine Entweichungen mehr vorgekommen, weshalb wir nun so sorglos bewacht wurden, dass ich schon zwei Tage später die Gelegenheit fand, mich heimlich von der Arbeit zu entfernen. Unbemerkt gelangte ich zu meinem Bäcker, der zu meiner Flucht alles Nötige schon vorbereitet hatte. Zunächst musste ich auf seinen Rat mir den Bart abscheren, dann gab er mir einen Anzug, den er selbst auf der Wanderschaft getragen hatte, ferner ein altes Felleisen mit einiger Wäsche, etwas Reisegeld und, was eine Hauptsache war, sein Wanderbuch, welches ein Signalement enthielt, das bei einiger Ähnlichkeit, die ich mit ihm hatte, allenfalls auch für das meinige gelten konnte.

In einer Viertelstunde war ich vollständig zu einem Wanderburschen umgeschaffen, ich drückte mir den mit Wachsleinen überzogenen Hut tief in die Augen und ging, mit einem mächtigen Knotenstock in der Hand, wie ein echter Bruder Straubinger zum Tore hinaus, um so bald als möglich mein Vaterland wieder betreten zu können.

5. Kapitel
Meine Flucht und erneute Gefangennahme - erzwungener Eintritt ins französische Militär - erneute Desertion und gemeinschaftliche Flucht

Ohne Legitimation würde ich nicht weit gekommen sein, den schon am ersten Tage meiner Wanderung wurde ich zweimal von Gendarmen angehalten, doch ließen sie mich nach Einsicht in das Wanderbuch meiner Wege ziehen. Sobald ich bei Saarbrücken das deutsche Gebiet erreicht hatte, fing ich an, bei den Bäckern das Handwerk zu begrüßen, wozu mein Freund, der Bäcker aus Metz, mich so gut instruiert hatte, dass ich meine Rolle mit gutem Erfolg spielte und von den Meistern die üblichen Geschenke erhielt, mit denen ich meine Reisebedürfnisse notdürftig befriedigen konnte.

Bei Bodenheim ließ ich mich über den Rhein setzen, wandte mich aber, um meine vermeintliche Vaterstadt Frankfurt nicht zu berühren, ostwärts nach Darmstadt. Hier brachte mich aber der Umstand, dass ich in den Orten, welche ich berührt hatte, den Vorschriften zuwider, mein Wanderbuch nicht hatte visitieren lassen, mit der Polizei in Konflikt. Der Polizeibeamte, welcher diese Bemerkung machte, meinte, es schiene mit mir nicht ganz richtig zu sein und als er nun das Buch mit größerer Aufmerksamkeit durchsah, machte er die mir höchst unangenehme Entdeckung, dass dasselbe nur auf ein Jahr ausgestellt und die Zeit der Gültigkeit schon abgelaufen sei. Das Buch erhielt ich nicht wieder, stattdessen aber die Weisung, mir am anderen Morgen vom Polizeibüro eine beschränkte Reiseroute nach Frankfurt abzuholen.

So war ich denn des Wanderbuches, das ich bisher als mein größtes Kleinod geachtet hatte, verlustig und dadurch gezwungen, meine Reise auf gutes Glück fortzusetzen. Denn auf dem Schupp nach Frankfurt dirigiert und dort vielleicht gar wegen der Benutzung einer mir nicht gehörigen Legitimation und Führung eines falschen Namens bestraft zu werden, dazu wollte ich es nicht kommen lassen.

Um daher allen weiteren Fragen der Polizei, deren Beantwortung mich noch mehr hätten verdächtigen können, überhoben zu sein, ging ich am nächsten Morgen nicht etwa auf das Büro, sondern direkt zum Tore hinaus der bayerischen Grenze zu.

Mit sorgfältiger Umgehung aller größeren Städte, in denen, wie ich aus Erfahrung wusste, die Polizei am aufmerksamsten zu sein pflegt, wanderte ich durch das nördliche Bayern nach Thüringen und kam bis in die Nähe von Eisenach. Meine Barschaft war so zusammengeschmolzen, dass ich mich genötigt sah, nicht weit von jener Stadt, in dem Flecken Mark-Suhla, die Mildtätigkeit der Einwohner anzusprechen. Unglücklicherweise befanden sich aber in einem Wirtshause, in dem ich um eine Gabe bat, zwei Büttel, die mich wegen Bettelns sogleich festhielten und da ich ohne Legitimation war, sich mit mir nach Eisenach auf den Weg machten.

Die Befürchtung, als ein Vagabund in ein Korrektionshaus gesteckt zu werden, veranlasste mich, meinen Begleitern unterwegs meine Verhältnisse der Wahrheit gemäß mitzuteilen, wodurch ich sie günstiger für mich zu stimmen hoffte. Aber leider verfehlte mein Geständnis auf diese beiden Polizeiseelen, denen Mitleid und Patriotismus gleich fremd waren, die beabsichtigte Wirkung. Wenn ich ein den Franzosen entlaufener Preuße sei, sagten sie, so würden sie sich wenig Mühe mit mir machen, sondern mich ganz einfach den in Eisenach stationierten französischen Gendarmen übergeben.

In den Augen der beiden Häscher schien ich nach der durch meine törichte Offenherzigkeit veranlassten Entdeckung einen höheren Wert erlangt zu haben; deshalb waren meine Bitten, von meiner Eigenschaft als preußischer Ranzionierter zu abstrahieren und mich lieber als einen Bettler zu betrachten, ganz erfolglos.

In Eisenach wurde ich mit einer ausführlichen Wiederholung der von mir gemachten Mitteilung über meine Verhältnisse dem Brigadier der dortigen Gendarmen überliefert und trotz meiner Erklärung, dass jene Aussagen von mir erdichtet seien, ins Gefängnis gebracht.

Zwei Tage lang saß ich hier in peinlicher Ungewissheit über meine Zukunft; dann wurde ich einem Transport von mehreren Ausreißern und Vagabunden beigegeben, in deren schlechter Gesellschaft man mich über Gotha, Erfurt, Weimar und Naumburg nach Leipzig brachte. Hier wurden denjenigen von uns, welche körperlich zum Kriegsdienst tauglich schienen, erklärt, dass sie unweigerlich in die so genannte polnisch-italienische Legion[13] eintreten müssten, welche unlängst aus Italien gekommen war und nun Behufs ihrer Komplettierung nach Magdeburg marschierte, wohin wir zum Dienste Designierten folgen mussten.

---

[13] Die polnisch-italienische Legion (*légion polacco-italienne*) wurde durch das kaiserliche Dekret vom 05.April 1807 aus den Trümmern der alten polnischen Legion in Italien geschaffen. Diese Legion kam 1808 unter dem Namen Weichsel-Legion nach Frankreich; sie erhielt die Nummer 1, da infolge eines weiteren Dekrets, datiert aus dem kaiserlichen Lager Walkersdorf, den 08.Juli 1809, eine zweite Weichsel-Legion errichtet wurde. Die 1.Weichsel-Legion bestand endlich aus vier Regimentern Infanterie und einem Kavallerie-Korps.

Wie ungern ich mich diesem Zwange fügte, brauche ich kaum zu sagen, da ich aber doch einmal zum bösen Spiel eine gute Miene machen musste, so trachtete ich danach, mir in dem unfreiwilligen Dienste Napoleons eine möglichst bequeme Stellung zu verschaffen. Dies gelang mir, indem ich bei dem Musikkorps der Legion als so genannter Wirbeltambour angenommen wurde, wozu ich bei meiner Fertigkeit im Trommeln hinlänglich befähigt war.

Nach einigen Tagen wurde ich aber zum *Tambour-Maitre* ernannt und mit der Ausbildung der Tambours beauftragt, wobei ich einen ganz angenehmen leichten Dienst hatte.

Kaum war die Legion sowohl durch die aus Polen kommenden Rekruten, als auch durch eine Menge Deutscher, welche teils freiwillig, teils gezwungen Dienste nahmen, vollständig gemacht, equipiert und notdürftig einexerziert, so erhielten wir die Marschorder, und zwar, wie es ganz offiziell hieß, nach Spanien!

Den Italienern, welche sich nach einem wärmeren Himmelsstrich sehnten, schien diese Order höchst willkommen zu sein, weniger erfreulich war sie aber für die in der Legion dienenden Deutschen und Polen, von denen viele auf dem Marsche desertierten, weil sie ebenso wohl die Beschwerden eines so weiten Marsches als auch die Gefahren des Krieges in Spanien fürchteten. Infolgedessen wurden wir übrigen von den Italienern mit solchem Misstrauen beobachtet, dass ich von meinem Vorhaben, ebenfalls zu desertieren, vor der Hand absehen musste.

Wir marschierten nach Worms. Hier teilte ich mit einem Hautboisten, mit dem ich als Landsmann in guter Kameradschaft lebte, ein Quartier bei einem Apotheker, der samt seinen Gehilfen uns so viel Teilnahme bewies, dass wir uns nur ungern von ihnen verabschiedeten, als uns am nächsten Morgen die Trommel zu der uns verhassten Fahne rief.

Jenseits Dürkheim in der Pfalz marschierten wir an einer Papiermühle vorüber. Mich quälte ein solcher Durst, dass ich austreten musste, um mir in der Mühle einen Trunk zu erbitten, der mir denn auch von dem Besitzer mit großer Bereitwilligkeit gereicht wurde. In der Kürze richtete dieser Mann einige Fragen an mich; als er aber erfuhr, dass ich ein Preuße und zum Dienst gezwungen sei, sprach er ganz unverhohlen sein Bedauern darüber aus, dass ich, der ich gar keine Verpflichtungen gegen Napoleon habe, für den Unterdrücker meines Vaterlandes als Kanonenfutter dienen müsse.

Die unverkennbare Offenheit, mit der diese Worte gesprochen wurden, gewann dem Manne in diesem Moment mein ganzes Vertrauen; ich entgegnete ihm, dass es mir bisher an einer passenden Gelegenheit zum Desertieren gefehlt hätte und dass ich es auch jetzt nicht wagen dürfe, weil ich auf den Straßen rings umher überall den nach Spanien marschierenden Truppen begegnen würde.

Wenn ich weiter keine Bedenken hätte, meinte er dagegen, so könne ich ruhig bei ihm bleiben, er würde mich so lange verbergen, bis die Passage wieder frei sein würde. Auf diesen Vorschlag zur Stelle einzugehen, wäre ein Torheit gewesen, da mein Eintreten in das Haus bemerkt worden war. Indes verabschiedete ich mich von dem Mann, der so wohlwollende Gesinnungen für mich hegte, mit der Versicherung, dass ich sehr bald bei ihm eintreffen und dann seine Güte beanspruchen würde.

Wir marschierten an diesem Tage bis Kaiserslautern, wo ich mit meinem Landsmann, dem Hautboisten, wieder ein gemeinschaftliches Quartier bezog. Als ich ihn mit meiner Absicht, diesen Abend zu desertiren, bekannt machte, bat er, mich begleiten zu dürfen. Ich hatte nichts dagegen und so machten wir uns, sobald es dunkel war, auf den Weg.

Eine finstere, regnerische Nacht begünstigte unser Vorhaben, doch mussten wir durch die Umgehung einiger Dörfer, in denen einzelne Abteilungen unserer Legion einquartiert waren, so große Umwege machen, dass wir die Papiermühle, die auf direktem Wege etwa nur drei Stunden entfernt war, erst gegen Morgen erreichten.

Der Mühlenbesitzer lag bei unserer Ankunft noch im Bette, doch ließ er uns schnell ein wärmendes Frühstück bereiten und unsere sehr durchnässten Kleider trocknen. Dann setzte er uns über einen Bergstrom, dessen Wasser sein Mühlenwerk trieb und führte uns im Hardtgebirge eine bedeutende Strecke bergan zu einer Schlossruine, worin ein noch ziemlich erhaltener, verdeckter Raum einstweilen zu unserem Obdach dienen sollte.

In diesem Versteck waren wir vor den Nachforschungen ziemlich sicher, erhielten aus der Mühle täglich Lebensmittel und ergötzten uns an dem Anblick der großartigen Gebirgsnatur, die uns hier in dem malerischen Kolorit einer romantischen Herbstlandschaft umgab.

Nach fünf Tagen brachte unser menschenfreundlicher Beschützer die Nachricht, dass die Truppendurchmärsche in der Gegend gänzlich aufgehört hätten. Nun verließen wir unser Asyl, vertauschten die noch wenig getragenen Uniformen gegen alte Zivilkleider und verabschiedeten uns von dem braven Manne mit dem aufrichtigsten Dank für die uns auf so uneigennützige Weise erwiesenen Wohltaten.

Zunächst wandten wir uns nun nach Worms, wo wir bei unserem ehemaligen Wirt, dem Apotheker, sehr freundliche Aufnahme fanden. Schon hatten wir das Fährboot, welches uns von Worms nach dem jenseitigen Rheinufer überführen sollte, bestiegen, als ein paar Douaniers[14] nach unseren Pässen fragten und da wir deren nicht besaßen, uns nicht nur die Überfahrt verweigerten, sondern sogar Miene machten, uns festzunehmen.

Glücklicherweise kam ich auf den Einfall, uns für Brüder des uns befreundeten Apothekergehilfen, den die Douaniers zufällig auch kannten, auszugeben und ihnen das Märchen aufzubinden, wir seien aus Darmstadt, wo jener gebürtig war, zum Besuch unseres Bruders herübergekommen.

Indem ich mit gutem Erfolg den dort üblichen Dialekt nachzuahmen suchte, bat ich die Beamten, uns zu unserem Bruder zu begleiten, der uns legitimieren würde. Ich spekulierte ganz richtig, denn so viel Mühe wollten sie sich unseretwegen nicht machen und stellten uns anheim, zur Stadt zurückzukehren und durch unseren vermeintlichen Bruder eine Legitimation zu erwirken, ohne welche sie uns pflichtgemäß die Überfahrt über den Rhein nicht gestatten dürften. Sehr erfreut über diesen guten Rat kehrten wir zwar zur Stadt zurück, gingen aber so-

---

[14] Douaniers - französische Zollbeamte /-soldaten

gleich zu einem anderen Tore wieder hinaus, am Rheinufer entlang, indem wir hofften, an einer anderen Stelle über den Fluss zu kommen.

Nicht weit von Rhein-Dürkheim kamen uns ein paar Reiter entgegen, in denen ich, trotz der beträchtlichen Entfernung, in der wir uns noch von ihnen befanden, nicht sobald Gendarmen erkannte, als wir sogleich die Chaussee verließen und uns rechter Hand dem von Weiden und Sträuchern bestandenen Rheinbruch zuwandten, um uns den Blicken und Verfolgungen der Gendarmen zu entziehen.

Wenn der Feind hinter einem Wehrlosen ist, achtet dieser wenig auf die sich ihm darbietenden Terrainschwierigkeiten. So arbeiteten auch wir uns durch das Bruch, indem wir das darin angesammelte Wasser, welches uns stellenweise bis an die Hüften ging, durchwateten. Endlich erreichten wir das Rheinufer an einer Stelle, wo zufällig ein mit Holz beladenes Fahrzeug ankerte. Der über unser Erscheinen auf einem so seltsamen Wege erstaunte Schiffer wollte uns anfangs gar nicht zu den Zutritt zu seinem Fahrzeuge gestatten, angeblich wegen der Verantwortlichkeit, welches mit der Aufnahme französischer Deserteurs verbunden sei. Als wir ihm aber versicherten, dass wir ranzionierte Preußen und gern erbötig seien, ihn für die Mühe, uns über den Rhein zu fahren, zu entschädigen willigte er ein, machte aber eine so unverschämte Forderung, dass ich schon fürchtete, wir würden die Unterhandlungen mit diesem habsüchtigen Menschen abbrechen und die mühsame und wässerige Promenade durch das Rheinbruch noch einmal machen müssen. Er forderte nämlich für die Überfahrt sechs große Taler; unser gesamtes Vermögen betrug aber nur etwa die Hälfte dieser Summe. Die Versicherung, dass wir nur drei Taler besäßen, vermochten den Schiffer indes, uns für dies Geld aufzunehmen und uns nach dem jenseitigen Ufer hinüber zu fahren.

Hatten die Kosten der Überfahrt unsere Barschaft nun auch auf vier Kreuzer reduziert, so waren wir doch herzensfroh, den Rhein hinter uns zu haben und machten uns guten Mutes wieder auf den Weg.

In unseren durchnässten Kleidern hatten wir zunächst eine sehr beschwerliche Wanderung über Berg und Tal und gelangten erst spät abends an eine gebahnte Straße, die wir, ungewiss, wohin sie uns führen würde, verfolgten.

Gegen Mitternacht erreichten wir das Städtchen Gernsheim, dessen Bewohner schon im tiefsten Schlummer lagen. Mein Kamerad, der ebenso körperschwach als hasenherzig war, klagte sehr über Hunger und Müdigkeit und bestand darauf, hier zu übernachten. Bei dem schlechten Bestand unserer Kasse hielt ich es aber nicht für ratsam, einen Gastwirt herauszupochen, dem wir am nächsten Morgen notgedrungen die Zeche hätten schuldig bleiben müssen, woraus uns große Unannehmlichkeiten mit der Polizei erwachsen konnten.

So entschlossen wir uns denn, die Nacht hindurch weiter zu wandern. Mein Ge-fährte hatte sich die Füße wund gescheuert und konnte deshalb nur sehr langsam gehen. Ich selbst war auch sehr erschöpft und dadurch gezwungen, uns häufige Erholungen zu gestatten, so dass wir bei Tagesanbruch nur wenige Meilen zurückgelegt hatten.

Die ersten Sonnenstrahlen beleuchteten ein Landgut, das in einiger Entfernung vor uns auf einer Anhöhe lag. Mit Anwendung unserer letzten Kräfte erreichten wir dasselbe und klopften an die noch verschlossene Haustür. Ein ältlicher Mann mit langem weißen Bart erschien am Fenster und fragte nach unserem Begehren. Überrascht durch sein jüdisches Äußeres konnten wir ein gewisses Misstrauen gegen ihn nicht verbergen. Als er nun merkte, dass wir in unserer Scheu nicht recht mit der Sprache heraus wollten, öffnete er die Haustüre, hieß uns eintreten und versicherte mit Freundlichkeit, dass wir in seinem Hause willkommene Gäste seien. Dann setzte er, um unser Misstrauen zu verscheuchen, hinzu, dass er kein Jude, sondern ein Mennonit[15] sei und dass er schon mehrere Ranzionierte, welche bei ihm eingesprochen hatten, weitergeholfen habe, wodurch er bewies, dass er unser Verhältnis erraten, ohne dass wir erst nötig hatten, ihm Geständnisse zu machen. Darauf ließ er Kaffee und ein gutes Frühstück auftragen und freute sich, als er uns beide einen riesenhaften Appetit entwickeln sah. Dann legten wir uns zur Ruhe und stärkten uns durch einen lang entbehrten Schlaf.

Es war Sonntag, deshalb nahmen wir die Einladung des Mennoniten, bei ihm zu bleiben, um so lieber an und während ich ihn mit der Erzählung meiner Erlebnisse unterhielt, wusste sich mein mehr musikalischer Landsmann bei den Dienstleuten dadurch unentbehrlich zu machen, dass er ihnen auf einer zufällig vorhandenen Violine bis spät in die Nacht zum Tanz aufspielte.

Erst am dritten Tage schieden wir von dem gastfreundlichen Mennoniten, der uns vier Meilen weit bis zu seinem auf einem Gute bei Dieburg wohnenden Bruder fahren ließ, wo wir infolge seiner Empfehlung ebenfalls freundlich aufgenommen wurden.

In der Gegend von Aschaffenburg trieb uns am folgenden Tage der Hunger in das Haus eines Zieglers, der mit seiner zahlreichen Familie eben bei einem Gericht Erbsen zu Tisch saß. Auf ein Geheiß des Vaters räumten uns ein paar Knaben sogleich ihre Plätze ein und nun ließen wir uns die Hausmannskost vortrefflich schmecken. Unser Wirt, der in früheren Jahren als Ausländer in preußischen Diensten gestanden hatte, war mit Berlin genau bekannt und fand Vergnügen daran, sich über unser Vaterland zu unterhalten.

Der Waldreichtum der Gegend brachte mich auf die Frage, ob in der Nähe nicht Forstbeamte wohnten, bei denen ich in meiner Eigenschaft als Jäger um ein Viaticum[16] ansprechen könne, worauf ich erfuhr, dass an dem Tage zufällig in einem nahe gelegenen Forstinstitut mehrere höhere Forstbeamte zu einem Festmahl versammelt seien. Der Ziegler zeigte mir von seinem Fenster aus ein stattliches Gebäude und nach einer kurzen Wanderung hatten wir dasselbe erreicht.

Mein furchtsamer Landsmann war um alles in der Welt nicht zu bewegen, mit mir in das Haus zu gehen, sondern lagerte sich unter einen Baum, um meine Rückkehr abzuwarten. Ungehindert gelangte ich in einen Saal und fand hier an eine reich gedeckten Tafel eine zahlreiche Tischgesellschaft. Einem ältlichen Herren, der den Ehrenplatz einnahm, stellte ich mich als einen preußischen Jäger vor, sagte in kurzen Worten, ich hätte mich aus der französischen Gefangenschaft ranzioniert, um in mein Vaterland zurückzukehren und bat, indem ich meine bedrängte

---

[15] Mennonit - benannt nach dem Gründer Menno Simons, Angehöriger einer evangelischen Freikirche

[16] Viaticum - Reiseproviant, Wegzehrung

Lage schilderte, um eine Unterstützung. Nach einem förmlichen Examen über meine Waidmannsfähigkeiten, das ich ganz gut bestand, richtete der Herr noch verschiedene Fragen nach einigen in meinem Vaterlande bekannten Persön- lichkeiten an mich, die ich zufälligerweise genügend beantworten konnte, dann zog er seine Börse und reichte mir - zwei Kreuzer.

So arm und hilfsbedürftig ich auch war, musste ich mich durch eine so unbedeutende Gabe doch tief verletzt fühlen; ich gab sie daher mit dem besten Dank und dem bescheidenen Bemerken zurück, dass ich ein reisender Jäger, nicht aber wie ein gewöhnlicher Bettler zu den Herren gekommen sei und dass in meinem Vaterlande selbst der ärmste Unterförster mir nicht eine Unterstützung unter dem zehnfachen Betrage des mir dargereichten Geldes anbieten würde. Dann machte ich der Gesellschaft eine Verbeugung und verließ den Saal.

Auf dem Flur hörte ich hinter mir rufen, achtete aber nicht darauf, weil ich glaubte, man wolle mich vielleicht wegen der etwas freimütigen Äußerungen, mit denen ich das Geschenk zurückgewiesen hatte, zur Verantwortung ziehen und ging daher mit raschen Schritten der Türe zu. Ehe ich sie aber erreichte, wurde ich von einem Forstjunker eingeholt, der mich mit den freundlichsten Worten bat, die Engherzigkeit des Herrn Oberwildmeisters nicht übel zu nehmen, vielmehr einstweilen in ein Zimmer einzutreten und mich bewirten zu lassen. Auf meinen Einwand, dass draußen ein Reisegefährte auf mich warte, der bei meinem längeren Ausbleiben um mich besorgt sein würde, ließ er diesen herbeiholen und nun erhielten wir ein vortreffliches Mittagessen und jeder eine gute Flasche Rheinwein.

Als wir uns gesättigt hatten, brachte mir der Jagdjunker einen Teller, der beinahe bis zum Rande mit verschiedenen Geldstücken angefüllt war. Er bat mich, dieses Geld von der Gesellschaft als eine Reiseunterstützung anzunehmen und der Genauigkeit seines Vorgesetzten nicht weiter zu gedenken.

Draußen im Walde hatten wir nichts eiligeres zu tun, als die erhaltene Summe nachzuzählen, die sich nach preußischem Gelde auf 17 Taler belief. So waren wir unverhofft zu einem beträchtlichen Reisefonds gelangt, mit Hilfe dessen wir wohl hoffen durften, eine gute Strecke weiter zu kommen. Indes war nicht immer auf so glückliche Erfolge zu rechnen und der Weg bis in unsere Heimat noch weit, weshalb wir uns nicht nur so viel als möglich einschränkten, sondern unseren Kassenbestand auch dadurch zu konservieren suchten, dass ich in den waldreichen Distrikten, welche wir berührten, bei den Forstbeamten, sonst aber auch gelegentlich bei den Geistlichen, Gutsbesitzern und Bauern einsprach.

Im Kurhessischen, wohin wir nun mit möglichster Vermeidung aller größeren Straßen gelangten, fanden wir wenig Teilnahme bei den Bewohnern und mussten oft statt der erbetenen Gaben Beleidigungen in Kauf nehmen, die unser Nationalgefühl als Preußen tief verletzten.

In der Gegend von Fulda waren wir bereits den ganzen Tag auf Nebenwegen in die Irre gegangen und erreichten gegen Abend ein Dorf, dessen Bewohner sich weigerten, uns etwas Brot zu verkaufen, geschweige gar zu schenken.

Wir hatten seit dem frühen Morgen nichts gegessen und hofften bei dem Seelsorger des Dorfes mehr Mitleid zu finden, als bei den uns mit misstrauischen Blicken angaffenden, höchst unfreundlichen Einwohnern. Aber auch dieser musste sich wohl auf die Ausübung der Christenpflicht, worin er seiner Gemeinde hätte mit gutem Beispiel vorangehen sollen, schlecht verstehen, denn er schlug nicht nur unsere Bitte um ein wenig Brot rundweg ab, sondern drohte uns hinauszuwerfen und nannte uns „verlaufenes preußisches Gesindel."

Infolge dieser brutalen Behandlung hatten wir uns schon auf den Hausflur zurückgezogen, als der jähzornige Mann uns durch die halbgeöffnete Stubentür die rohesten Schmähworte auf die Person unseres geliebten Landesherrn nachrief. Diese groben Beleidigungen eines auch im Unglück selbst von seinen Feinden hochgeachteten Fürsten, aus dem Munde eines Deutschen, waren wahrhaft empörend und versetzten mich obendrein leicht erregbares Gemüt in solche Wut, dass ich in das Zimmer eindringen wollte, um den Beleidiger auf gut preußisch Mores zu lehren, aber mein Kamerad, der diesmal in seiner Furchtsamkeit vernünftiger war, als ich in meinem gerechten Zorn, hielt mich mit Gewalt auf dem Flur zurück, nahm das ihm von der Predigerfrau ohne Wissen ihres Gemahls zugesteckte Brot in Empfang und zog mich zur Türe hinaus.

Bei ruhiger Überlegung konnte ich nachher seiner Mäßigung meine Anerkennung nicht versagen, denn ich sah ein, dass man uns jedenfalls überwältigt und den französischen Gendarmen ausgeliefert haben würde, wenn ich dem schmähsüchtigen Menschen die ihm zugedachte Lektion in der Nächstenliebe erteilt hätte.

Das Glück, mit dem wir bisher der Aufmerksamkeit der Polizei entgangen waren, machte uns nun so dreist, dass wir sogar wagten, in den auf unserer Tour liegenden Städten zu verweilen, wo mein Landsmann von den Stadtmusikern in der Regel Unterstützungen erhielt.

So besuchte er auch in Schmalkalden seinen dort auf einem Kirchturm wohnenden Kunstgenossen, während ich bei dem dortigen Oberförster einsprach. Man denke sich aber mein Entsetzen, als ich auf dem Rückwege zur Herberge meinen Kameraden in Begleitung eines französischen Gendarmen begegne. Ich hatte natürlich keine Lust, mich der Gesellschaft anzuschließen und wollte mich unbemerkt aus dem Staube machen, aber in seiner Herzensangst beging mein Freund die Torheit, mir zuzurufen, dass er arretiert worden sei, eine Bemerkung, die er füglich hätte unterlassen können, weil schon der Anblick seines Begleiters mich über sein Verhältnis zu demselben genügend belehrte.

Die Folge dieser Unvorsichtigkeit war, dass der Gendarm auch mich anhielt und nun uns beide zum Kommandanten führt. Dieser, ein invalider hessischer Hauptmann, der neben den Kommandanturgeschäften auch das Amt eines Postmeisters verwaltete, bewies sich gegen uns als ein Mann seltener Humanität. Der französische Gendarm, der übrigens von unserer in deutscher Sprache geführten Unterhaltung wenig oder gar nichts verstand, entließ er und nun wusste ich das Mitleid des alten Offiziers für uns so rege zu machen, dass er nicht nur davon abstand, uns als Ranzionierte, wofür wir uns ausgaben, den Franzosen auszuliefern, sondern er war auch so menschenfreundlich, uns zu unserem Weiterkommen behilflich zu sein. Förmliche Pässe konnte er uns zwar nicht erteilen, weil er dazu nicht die Befugnis hatte, doch verschaffte er uns eine andere Legitimation. Er bewog nämlich seinen Freund, den Oberförster, zur Ausstellung eines Attestes, nach welchem ich angeblich längere Zeit bei demselben als Jäger in Kondition gestanden hatte. Ein ähnliches Zeugnis erhielt mein Gefährte in seiner Eigenschaft als Musikus von dem Stadtpfeifer und aufgrund dieser Papiere gab der Kommandant jedem von uns einen Geleitschein, auf dem, nach Art der preußischen Passkarte unser Signalement verzeichnet war.

Im Besitze dieser von uns so mit innigem Dank angenommenen Legitimation setzten wir nun unsere Reise fort und gingen, da wir vor der Polizei nichts mehr zu fürchten hatten, auf der großen Straße über Gotha, Weimar usw. nach Leipzig. Hier wurden wir aber, da eben Messe war, nicht geduldet, sondern, nachdem wir auf dem Rathause jeder vier Groschen Reisegeld erhalten hatten, mit der Weisung zum anderen Tore hinausgebracht, unsere Reise ungesäumt fortzusetzen.

Meine Absicht war nun, mich auf dem nächsten Wege nach Berlin zu begeben, aber mein Gefährte, der in Magdeburg eine Braut hatte, die er gerne wieder zu sehen wünschte, bat mich so dringend, ihn zu begleiten, dass ich mich um so eher entschloss, ihm zuliebe den Umweg über Magdeburg zu machen, als auch ich dort einige Bekannte hatte, bei denen ich hoffen durfte, freundliche Aufnahme zu finden.

Von Befürchtungen über unsere Sicherheit konnte dort überdies keine Rede sein, da wir die polnisch-italienische Legion auf dem Marsche nach Spanien wussten. So kamen wir also in Magdeburg an und erbaten uns von der Kommandantur unter dem Vorwande, Verwandte zu besuchen, eine Aufenthaltskarte auf fünf Tage. Unsere Legitimationspapiere wurden indes bis zu unserer Abreise in Verwahrung genommen.

Schon hatten wir in der Familie der Braut des Freundes einige Tage ganz angenehm verlebt, als ich von diesem eines schönen Nachmittags zu einem Spaziergange aufgefordert wurde, an dem sich seine Braut mit einigen anderen jungen Mädchen beteiligte. Während wir ganz harmlos mit unseren Schönen unter Scherzen und Lachen über die Elbbrücke schlenderten, werden wir von einem krankheitshalber in Magdeburg zurückgebliebenen Sergeanten der polnisch-italienischen Legion erkannt und auf seine Veranlassung, ungeachtet der Tränen unserer liebenswürdigen Begleiterinnen, als Deserteure verhaftet.

6.Kapitel
Vor dem Militärgericht - Eintritt in das westfälische Militär - Nach Spanien ! - Meine Verwundung

Von der nächsten Wache wurden wir nach der Zitadelle zum Arrest gebracht. Zu spät machte ich mir jetzt Vorwürfe über die Nachgiebigkeit, mit der ich, lediglich meinem Kameraden zum Gefallen, nach Magdeburg gegangen war; ja, ich klagte mich selbst des unverantwortlichen Leichtsinns an, mit dem ich blindlings meinem Unglück in die offenen Arme gelaufen war, denn es galt nun nichts geringeres, als vor ein französisches Militärgericht gestellt zu werden, von dem wir als Deserteure eben kein gelindes Urteil gewärtigen durften. Schon am nächsten Morgen wurden wir zum Verhör geführt welches von einem Lieutenant-Colonel unter dem Beisitze einiger Subaltern-Offiziere geleitet wurde, deren einer als so genannter Gressier[17] die schriftlichen Verhandlungen führte. Ein anderer Offizier, der einigermaßen der deutschen Sprache gewachsen war, versah das Amt des Dolmetschers.

Die augenscheinliche Nonchalance, mit der die Offiziere das ganze Verhör behandelten, ermutigte mich zu der Hoffnung, dass man es mit uns so streng nicht nehmen würde. Am besten glaubten wir übrigens davon zu kommen, wenn wir rundweg alles leugneten, jemals in der polnisch-italienischen Legion gedient zu haben.

In der Meinung, dass durch das Zeugnis eines Einzelnen unsere Identität nicht genügend bewiesen sei, um ernstlich mit der gegen uns erhobenen Anklage vorgehen zu können, erklärten wir die Aussage des Sergeanten, der uns denunziert hatte, für unwahr und behaupteten, dass derselbe sich geirrt haben müsse. Damit war das Verhör zu Ende.

Tags darauf wurden wir wieder vorgeführt; aber wie erschraken wir, als uns außer dem bewussten Sergeanten noch zwei italienische Soldaten gegenüber gestellt wurde, welche ebenfalls behaupteten, uns im Dienst der Legion gekannt zu haben. Nun half auch unser Leugnen nichts mehr; wir wurden als überführt betrachtet und am Schlusse des Verhörs machte der Vorsitzende uns eine Erklärung, welche, nach der Übersetzung des Dolmetschers, seine Absicht aussprach, dass wir von dem Kriegsgericht zum Tode durch Erschießen verurteilt werden würden. Wenn mir nun auch infolge dieser Äußerung etwas unheimlich zumute wurde, so überließ sich dagegen mein Leidensgefährte einer wahren Todesangst, lamentierte in einem fort und schloss die ganze Nacht hindurch kein Auge.

Während wir am anderen Morgen in der Freistunde unter den Augen der Wache die frische Luft genossen, erhielten einige unserer Bekannten aus der Stadt von dem wachhabenden Offizier die Erlaubnis, mit uns zu kommunizieren. Unter ihnen befand sich ein Handlungsgehilfe, den ich schon bei meiner ersten Anwesenheit in Magdeburg kennen gelernt hatte. Wie bisher fast täglich, so kam er auch heute zu uns, um durch die Überbringung besserer Lebensmittel, als die sehr dürftige Gefängniskost uns gewährte, unsere Lage zu erleichtern.

Aber heute konnte selbst dieser erneute Beweis liebevoller Aufmerksamkeit meines Freundes den trüben Ernst nicht verscheuchen, welchen das Nachdenken über meine kritische Lage in meinen Zügen ausdrückte. Als ich ihm nun das Resultat des gestrigen Verhörs mitteilte, erkannte auch er die Größe unserer Gefahr, denn er wusste um die damals in Magdeburg nicht seltenen Exekutionen durch Pulver und Blei, welche die Franzosen an mehreren Deserteuren, hauptsächlich wohl wegen des abschreckenden Beispiels, vollzogen hatte.

Nach seiner Ansicht war jetzt nur noch von einer gründlichen Erörterung aller für uns sprechenden Umstände auf eine glücklichere Wendung der Dinge zu hoffen. Hierzu bedurften wir aber eines gewandten und beider Sprachen fähigen Ver-

---

[17] Gressier - (französisch) Gerichtsschreiber

teidigers. Einen solchen glaubte der Handlungsgehilfe uns in der Person eines Colonel B., eines geborenen Deutschen, empfehlen zu können, den er im Hause seines Prinzipals, wo jener einquartiert war, als einen höchst menschenfreundlichen und gewandten Mann kennen gelernt hatte. Mein Freund verließ mich mit der Versicherung, dass er zunächst versuchen werde, das Interesse seines leutseligen Prinzipals für unser Missgeschick anzuregen, dem es dann ein Leichtes sein würde, den Colonel zu unserer Verteidigung zu bewegen.

In der Tat waren seine eifrigen Bemühungen von so gutem Erfolge, dass der Colonel schon am nächsten Morgen bei uns in der Zitadelle erschien und sich bereit erklärte, unsere Verteidigung zu führen. Wir mussten ihm nun über unsere Verhältnisse ausführliche Mitteilung machen, wovon er mancherlei in seiner Brieftasche notierte. Ganz entschieden erklärte er sich aber gegen mein Ansicht, dass es vielleicht am besten sein möchte, uns, der Wahrheit gemäß, als preußische Untertanen zu gerieren - weil wir damit nicht nur das Kriegsgericht weniger günstig für uns stimmen, sondern auch die Personen kompromittieren, welche in Schmalkalden unsere fingierten Legitimationspapiere ausgestellt hatten, aufgrund deren wir bisher als Untertanen der neuerhobenen Königs von Westfalen angesehen waren. Nur dieser Umstand, auf der er ein ganz besonderes Gewicht zu legen schien, könne unsere Sache eine bessere Wendung geben.

Bei dem Vertrauen, welches mir der Colonel von dem ersten Augenblick an einflößte, fühlte ich mich in einem hohen Grade ermutigt und selbst mein Kamerad, der sich von unserer Gefahr sonst immer nur die allerschlimmsten Vorstellungen machte, fing nun an wieder aufzuatmen.

Zwei Tage später sollte unser Urteil gefällt werden. Wie schlug mir das Herz, als wir vor unsere Richter geführt wurden! Aber ein Blick in das ruhige Antlitz unseres Verteidigers, der meine Verbeugung mit freundlichem Kopfnicken erwiderte und ich hatte all meinen Mut und mein Vertrauen wieder gewonnen.

Die gegen uns erhobene Anklage, welche erst in französischer und dann in deutscher Sprache verlesen wurde, beschuldigte uns der Desertion und erklärte uns durch die Aussage dreier Zeugen dieses Vergehens für überführt und beantragte gegen uns - die Todesstrafe durch Erschießen.

Mein Leidensgefährte hielt in seiner Befangenheit die eben verlesene Anklage schon für den Urteilsspruch und wurde leichenblass, als er vom Erschießen hörte. Indes suchte ich ihn über seinen Irrtum aufzuklären, so dass er bald wieder seine Fassung gewann.

Nach einem kurzen Schlussverhör und der Wiederholung der anwesenden Zeugen, erhielt unser Verteidiger das Wort. Obwohl ich von seiner in französischer Sprache gehaltenen Rede wenig oder gar nichts verstand, konnte ich doch so viel bemerken, dass dieselbe auf die Mitglieder des Kriegsgerichts einen günstigen Eindruck machte. Wie ich später erfuhr, hatte er seinen Antrag auf völlige Freisprechung dadurch zu motivieren gesucht, dass man uns zum Eintritt in die polnisch-italienische Legion gezwungen habe, während wir doch nur verpflichtet seien, unserem - vermeintlichen - Landesherrn, dem König von Westfalen, zu dienen. Wie viel der Colonel nun auch zu unseren Gunsten angeführt haben mochte, das Kriegsgericht verurteilte uns dennoch zu - zwei Jahren Kugelschleppen[18]!

Freilich war dies immer noch ein hartes Urteil, doch erschien es uns fast gelinde im Vergleich zu der gegen uns beantragten Todesstrafe. Besonders froh war mein Kamerad, der da schon meinte, mit dem Leben abgeschlossen zu haben.

Unser wackerer Colonel versicherte uns indes, dass er noch vor der Bestätigung des über uns verhängten Urteils höheren Ortes all seinen Einfluss verwenden würde. Wir dankten dem braven Mann für seine Güte und gingen leichteren Herzens als wir gekommen waren, in unser Gefängnis zurück.

Einige Tage darauf wurde uns eröffnet, dass kriegsgerichtliche Erkenntnis sei kassiert worden, an unsere Freilassung jedoch die Bedingung geknüpft, sofort in die westfälische Armee einzutreten, welche der König Hyronimus[19] damals organisieren ließ. Dass wir unter diesen Umständen auf diese Bedingung gern eingingen, brauche ich kaum zu sagen und nur beiläufig will ich hier der freudigen Empfindungen erwähnen, unter denen wir das Gefängnis und die Zitadelle verließen.

Der Sergeant, welcher uns zur Stadt führte, gewährte gern meine Bitte, zu der ich mich durch die Pflicht der Dankbarkeit gedrängt fühlte; er gestattete nämlich, dass wir zunächst dem Colonel unsere Aufwartung machen durften, um ihm unseren Dank auszusprechen. Es schien auf diesen edelmütigen Mann einen angenehmen Eindruck zu machen, dass wir unseren ersten Gang zu ihm genommen hatte, doch ließ er schnell seinen Wirt, den Kaufmann, herbeirufen, dem er uns mit den Worten vorstellte: „Nur diesem haben Sie es zu danken, denn er hat mich veranlasst, Ihre Verteidigung zu übernehmen!"

Aber auch dieser Biedermann refüsierte unseren Dank, holte meinen Freund, den Handlungsgehilfen, herbei und versicherte, dass er nur infolge der dringenden Fürbitte dieses jungen Mannes, den er wegen seiner guten Eigenschaften sehr wert halte, sich bei dem Herrn Colonel für uns verwandt habe.

Auch jener behauptete, nichts mehr als Freundespflicht getan zu haben; ich aber verließ diese hochherzigen Männer nicht ohne Rührung und mit dem Gefühl des Dankes gegen Gott, der zu unserer Rettung uns hatte edle Menschen finden lassen, die das Gebot der Nächstenliebe fern von allem Eigennutz zu üben wussten.

Der Fürsprache des Colonels hatten wir es zu verdanken, dass mein Kamerad als Hautboist und ich als Sergeant der Grenadierkompanie des I. Bataillons des 3. westfälischen Infanterie-Regiments zugeteilt wurde. Das französische Exerzitium hatte ich bald kapiert und wurde dann mit der Ausbildung junger Mannschaften beschäftigt. Dabei hatte ich einen leichten Dienst und führte überhaupt im Umgange mit meinen Freunden ein ganz angenehmes Leben.

---

[18] so nannte man die Strafe für Baugefangene, welche mittelst einer Kette an einem eisernen Ringe um den Leib befestigten Kanonenkugel überall mit sich herumtragen mussten.

[19] gemeint ist hier Jérôme Bonaparte, Napoleons jüngster Bruder, im Volksmund "König Lustig" oder mit der deutschen Übersetzung seines Vornamens Hyronimus genannt.

Dem gutgemeinten Rate meines Beschützers, des Colonels, folgend, hielt ich es jetzt für das Beste, den Gedanken an abermaliges Desertieren von der Hand aufzugeben. Der Erfolg eines solchen Unternehmens war in damaliger Zeit, selbst von Magdeburg aus, höchst unsicher und ein zweiter misslungener Versuch würde jedenfalls die Todesstrafe nach sich gezogen haben. Daher fügte ich mich um so geduldiger in mein Schicksal, als ich alle Ursache hatte, mit meiner momentanen Lage zufrieden zu sein.

Durch Diensteifer und gute Führung erwarb ich mir das Wohlwollen meiner Vorgesetzten in dem Grade, dass man mir die selbstständige Führung eines Kommandos westfälischer Jäger-Rekruten nach Marburg übertrug, wo dieselben in das Dörnbergische Jäger-Bataillon eintreten sollten. Meine Vorliebe für diese Truppengattung erweckte in mir den Wunsch, zu derselben überzutreten. Es war indes bei dem Bataillon keine Oberjägerstelle vakant, und da ich keine Lust hatte, als einfacher Jäger zu dienen, so zog ich es vor, in meiner bisherigen Stellung zu bleiben.

Kurze Zeit nach meinem Abgange von Magdeburg hatte das Regiment den Marsch nach Spanien angetreten und bevor ich Marburg wieder verließ, erhielt ich den schriftlichen Befehl, mich unverweilt meinem Truppenteil anzuschließen. Auf der mir bezeichneten Route marschierte ich nun dem Regiment nach, erreichte es in Hildesheim und nun hieß es „mit nach Spanien!"

Zum dritten Mal ging ich nun bei Mainz über den Rhein. Auf dem etwas beschwerlichen Marsch zog ich mir aber infolge einer starken Erkältung eine fieberartige Krankheit zu, die mich zwang, im Hospital zu Metz zurückzubleiben, das ich, wie früher erwähnt, als Gefangener schon einmal besucht hatte.

Nach meiner Genesung wurde ich dem in Metz zurückgebliebenen Depot überwiesen, bei dem ich mit einigen anderen Rekonvaleszenten den Marsch nach Spanien antreten sollte.

Mein ehemaliger Kamerad aus dem Regiment *von Arnim*, jener Bäcker, der mir zu meiner Ranzionierung aus der Gefangenschaft zu Metz behilflich gewesen war, wurde durch meinen Besuch nicht wenig überrascht. Er bedauerte, dass seine Bemühungen für mich keinen besseren Erfolg gehabt hatten, erbot sich aber zugleich, mich zu unterstützen, falls ich gekommen sei, abermals einen Fluchtversuch zu wagen. Ja er zerbrach sich sogar den Kopf mit allerlei Plänen, wie mein Entkommen am sichersten zu bewerkstelligen sei. Hatten diese Anerbietungen auch viel verführerisches für mich, so war ich doch besonnen genug, mich nicht von neuem einer Gefahr auszusetzen, der ich erst vor kurzem mit blauem Auge entgangen war. Und selbst im glücklichsten Falle, wenn ich in mein Vaterland zurückgelangte, durfte ich bei den misslichen Verhältnissen, welches ein ungünstiges Geschick damals über dasselbe verhängte, kaum erwarten, dort ein Unterkommen zu finden.

Deshalb entschloss ich mich, zur Rückkehr in die Heimat bessere Zeiten abzuwarten, jetzt aber mit nach Spanien zu gehen, wo ich meine Kenntnisse und Erfahrungen zu bereichern hoffte.

Unter solchen Umständen war es nun auch das Beste, mich meinen dienstlichen Obliegenheiten mit allem Ernst zu unterziehen. Der Lieutenant-Colonel, welcher das Depot führte, bemerkte meinen Eifer und beförderte mich zum Sergeant-Major.

Im Herbst des Jahres 1809 verließen wir nun Metz und marschierten dem südlichen Frankreich zu. Über Nancy, Dijon, Chalons sur Saône usw. kamen wir nach dem wegen seiner seltsamen Bauart merkwürdigen Lyon.

Von hier ging unser Marsch durch anmutige Gegenden über die Städte Vienne, Valence, Montelimart uns Saint Esprit, wo wir auf der, aus mächtigen Felsblöcken erbauten großartigen Brücke über die Rhone gingen. Je weiter südlich wir nun kamen, desto schöner wurde die Gegend, die hier, trotz des winterlichen Jahreszeit, immer noch herrliche Reize entfaltete. Ganz neu und erquickend war für mich der Anblick der ewig grünenden Olivenwälder, welche schon jenseits Nimes sich vor uns ausdehnten. Die schönsten Früchte und der vortreffliche Wein, den man hier beispiellos günstig kaufte, machten die Lebensweise sehr behaglich.

In dem freundlichen und wegen seiner lieblichen Weine berühmten Städtchen Lünel leerten wir in fröhlicher Gesellschaft manches Glas des schönen Rebensaftes, über dessen erheiternden Genuss ich fast jede Sorge um die ungewisse Zukunft vergaß, der ich, so fern von meinem Vaterlande, entgegen geführt wurde.

In Montpellier sah ich von dem so genannten *place peyron* aus eins der großartigsten Panoramas. Am äußersten Rande des Horizonts erglänzten südwärts in dem glühenden Licht der Abendsonne die verschneiten Gipfel der fernen Pyrenäen, während nördlich die Sevennen ihre riesigen Häupter erheben und in kühnen Konturen nach dieser Richtung hin die fast unermessliche Fernsicht begrenzten.

Von Perpignan aus machten die aus dem Spanischen herüberstreifenden Guerillas die Straße durch das Gebirge so unsicher, dass unser schwaches Detachement nicht wagen durfte, den Marsch fortzusetzen. Kurz zuvor hatten die Spanier kleine Abteilungen französischer Truppen im Gebirge überfallen und bis auf den letzten Mann niedergemacht. Deshalb verweilten wir so lange in Perpignan bis wir durch einige nachrückende Detachements verstärkt uns zum Kampf mit den Guerillas kräftig genug fühlten.

Mit diesem beinahe 800 Mann starken Korps, das aus allen möglichen europäischen Nationen zusammengesetzt war, ging es nun auf der allmählich ansteigenden gut erhaltenen Straße die Pyrenäen hinan, über den Col de Pertius und jenseits der französischen Bergfestung Bellegarde über die spanische Grenze.

Auf der Südseite der Pyrenäen war es nicht so rau und es lag auch weniger Schnee als auf der Nordseite des Gebirges, was einen so auffallenden Wechsel der Temperatur bewirkte, dass es mir in Spanien viel wärmer zu sein schien, als in Frankreich. Es war in den letzten Tagen des Novembers und doch stand die Sonne ganz erquicklich.

In der Stadt Figueras, die in den Händen der Franzosen war, blieben wir einen Tag und ich benutzte die Zeit, die sehr stark befestigte Zitadelle in Augenschein zu nehmen. Ihre bombenfeste Souterrains gewährten einer bedeutenden Besatzung Logis, in denen sie vom feindlichen Feuer nichts zu fürchten hatte. Die Stadt selbst war von den Einwohnern fast gänzlich verlassen und bot ein trauriges Bild der Verheerung. Wir erhielten zwar Quartiere, doch fehlten uns die Wirte; daher mussten wir die Lebensmittel, welche uns geliefert wurden, selbst bereiten. Außer dem reichlich vorhandenen Wein war für Geld nichts zu haben, mit dem Weine wussten wir aber auch unsere einfache Kost trefflich zu würzen.

Auf dem Wege nach Gerona passierten wir einen Schauplatz der blutigsten Gräuel, welche von den Spaniern etwa vierzehn Tage früher an einem französischen Detachement verübt worden waren. Nachdem sie die Soldaten, welche ein Furage- und Munitionskolonne dorthin eskortieren sollten, bis auf den letzten Mann niedermetzelten, hatten die Guerillas ihr scheußliches Spiel mit den die Kolonne als Marketenderinnen begleitenden Frauen getrieben, an diesen Unglücklichen ihre rohen Lüste gefrönt, sie dann auf die Munitionswagen gebunden und mit diesen in die Luft gesprengt.

Unter uns waren eine Menge alter, hartherziger Soldaten, die unter Napoleon in mancher blutiger Schlacht mitgefochten und durch den Anblick vieles Schrecklichen ihr Gefühl abgestumpft hatten, aber es war keiner, der bei dem Anblick der in den scheußlichsten Formen rings umher zerstreut liegenden Fragmente menschlicher Körper und Pferdekadaver sich nicht mit Abscheu von diesem Bilde der ekelhaftesten Gräuel abgewandt hätte.

Etwa auf der Hälfte des Weges zwischen Figueras und Gerona mussten wir einen Bergstrom passieren, über den eine schmale Brücke führte. Als wir diese überschritten, wurden wir durch Flintenschüsse überrascht, welche aus einem, auf dem bergigen Ufer des nahen Flusses gelegenen Gebüsch auf uns abgefeuert wurden. Gleich die ersten Salven verwundeten einige der Unsrigen, welche die Brücke zuerst passiert hatten. Bei der höchst vorteilhaften Position der Feinde war die Befürchtung nicht ungerechtfertigt, dass wir diesen Punkt ohne einen erheblichen Verlust schwerlich passieren würden.

Unser Kommandeur war ein einsichtsvoller Offizier. Mit großer Ruhe und Geistesgegenwart erteilte er die nötigen Befehle, ließ die vorderste Kolonne von 150 Mann als Avantgarde, zu der auch ich gehörte, eiligst auf dem Wege vorrücken. Andere Mannschaften mussten in der Nähe der Brücke, durch die am Ufer liegenden Felsblöcke gedeckt, sofort ein lebhaftes Feuer eröffnen, das, wenn es dem Feinde auch keinen Schaden zufügte, doch seine Aufmerksamkeit dorthin richtete. Das Gros unseres Korps stand inzwischen jenseits der Brücke hinter einem Felsvorsprunge außer dem Bereiche des feindlichen Feuers.

Wir hatten Befehl den Feind, der nach den nur spärlich fallenden Schüssen zu schießen, nicht sehr stark sein konnte, auf jeden Fall aus seinem Hinterhalt zu vertreiben. Der von ihm eingenommene Berg war aber nach der Seite des Flusses hin so steil und bot uns gegen das Feuer des durch die Bäume gedeckten Feindes so wenig Schutz, dass unser Kommandeur sich entschloss, auf der Straße weiter vorzudringen und die Spanier wo möglich im Rücken anzugreifen. Durch eine Biegung des zwischen den Bergen sich hindurchschlängelnden Weges waren wir bald außerhalb der Schusslinie und den Blicken der Feinde entzogen, die unbegreiflicherweise gar nichts von uns zu fürchten schienen, sondern ganz gemächlich ihr fast zweckloses Feuer gegen die Brücke unterhielten, während wir in ihrem den bewachsenen Berg, der an dieser Seite leicht zugänglich war, erklimmten und sie dann mit dem glänzendsten Erfolge von hinten angriffen. Es waren kaum siebzig nur mit Flinten bewaffnete Guerillas, die durch unseren Angriff höchst unangenehm überrascht waren, in wilder Flucht davonliefen, ohne auch nur einen Schuss auf uns abzufeuern. Aber nur wenige entkamen, viele wurden erschossen und gegen dreißig gefangen genommen. Einer stürzte sich in den Fluss, schwamm glücklich hindurch, wurde aber von der Kugel eines Italieners getroffen, als er das jenseitige steile Ufer erkletterte und stürzte rücklings wieder in den Strom hinab, in dessen Fluten er verschwand.

Einige unserer Soldaten, namentlich die Italiener, deren sich viele bei dem Detachement befanden, hatten große Lust, an den Gefangenen die Gräuel in ähnlicher Weise zu vergelten, deren Spuren wir unlängst gesehen hatten. Aber zur Ehre der Menschheit befahl der Kommandeur von diesem Vorhaben abzulassen und bedrohte jeden mit harter Strafe, der diesen Befehl zuwider handeln würde. Die Gefangenen sollten mit nach Gerona geführt und dort als Insurgenten vor ein Kriegsgericht gestellt werden.

Gerona war bereits länger denn sieben Monate von den Franzosen belagert und von den Spaniern unter Anführung des Don Alvarez de Castro mit bewundernswerter Ausdauer verteidigt worden.

Spät nachmittags erreichten wir vor Gerona eine über den Ter führende Brücke, in deren Nähe sich das französische Lager befand, von wo aus wir die gegen die Festung vorgenommenen Operationen recht gut untersuchen konnten. Von den Belagerern war die Vorstadt, welche sich linker Hand an einen Gebirgskamm anlehnte, eingenommen worden, indem sie die Häuser durchbrochen hatten und an dieser Seite bis an die Glacis[20] vorgedrungen waren, wo sie eine Breschbatterie anlegten, um die Werke zu beschießen.

Die Einnahme der Vorstadt soll den Franzosen bedeutende Menschenopfer gekostet haben, aber sie hatten sich durch dieselbe einen gutgedeckten Weg bis zum Fort Montjuich gebahnt und nun auch gegen dieses ein wirksames Feuer eröffnet. Auch die übrigen Forts waren kurz zuvor genommen worden und die Stadt auf diese Weise ziemlich eng zerniert. Die italienische Legion, welche den Sturm eröffnet hatte, musste dabei einen ungeheuren Verlust erlitten haben, denn eine große Menge Leichen lag noch unbegraben umher und verpestete ringsum mit einem penetranten Geruch die Luft. Bei meinem Regiment fand ich auch manchen alten Bekannten nicht mehr wieder; feindliche Kugeln und die Ruhr hatten viele schon hinweggerafft.

Fast täglich standen wir nun im heftigsten Feuer der Festung gegenüber, doch wollte es den verdoppelten Anstrengungen des Marschalls Augerau, den Napoleon an der Stelle St.Cyrs mit dem Oberbefehl betraut hatte, nicht gelingen, Gerona im Sturm zu nehmen.

Am sechsten Tage nach meiner Ankunft bei dem Belagerungs-Korps wurde der von den Unsrigen mit großer Heftigkeit erneuerte Angriff aus der Festung mit so wirksamem Feuer erwidert, dass wir dadurch große Verluste an Leuten erlitten. Auch ich hatte das Unglück, von einem Stück einer Bombe, die in geringer Entfer-

---

[20] Glacis - militärische Erdaufschüttungen vor einem Festungsgraben

nung vom mir krepierte, am Unterschenkel des linken Beins getroffen zu werden. Die Wunde verursachte mir so fürchterliche Schmerzen und eine so starke Geschwulst des ganzen Beines, dass ich unvermögend mich fortzubewegen, liegen bleiben musste.

Die Unsrigen zogen sich zurück, ohne in dem Gewühl weiter auf mich zu achten. Neben mir lag ein westfälischer Soldat, der von einem Stück jener verhängnisvollen Bombe in den Unterleib getroffen worden war. Fast eine Stunde wälzte sich der Unglückliche in seinem Blute, bis er endlich unter den entsetzlichsten Todesqualen verschied. Der Anblick so furchtbarer Leiden in meiner unmittelbaren Nähe machte auf mich einen so grauenhaften Eindruck, dass ich darüber meine eigenen Schmerzen fast gering achtete.

Mit der größten Anstrengung versuchte ich, mit Hilfe meines gesunden Beines, auf der Erde fortzukriechen, doch war ich so entkräftet, dass ich, kaum drei Meter weiter, mein Vorhaben aufgeben musste. Einige Schwerblessierte, welche wir ich unfähig waren, sich fortzubewegen und in einiger Entfernung von mir lagen, strengten ihre Lungen zu lautem Hilferuf an. In der Hoffnung, von den Unsrigen gehört und dann ins Lager zurückgebracht zu werden, stimmte auch ich mit ein in jenes herzzerreißende Klagegeschrei. Aber vergebens - der Donner der Geschütze, deren Kugeln von beiden Seiten über uns hinwegzischten, übertönte unsere Stimmen.

In dieser traurigen Lage verharrten wir bis zum Abend. Erst als es völlig dunkel war, schwieg die Kanonade. Auf das furchtbare Geräusch des Tages folgte nun die Stille der Nacht, die nur durch das Wirbeln der Trommeln im Lager hin und wieder unterbrochen wurde.

Eine französische Batterie, welche etwas seitwärts hinter uns lag, war so nahe, dass ich das Anrufen der Schildwachen ziemlich deutlich vernehmen konnte. Ich durfte daher hoffen, dass meine Stimme bis dorthin dringen würde. Deshalb raffte ich meine letzten Kräfte zusammen und schrie so laut ich konnte. Nur zwei meiner Leidensgenossen in der Nähe stimmten mit ein in mein Geschrei, die übrigen schwiegen wie das Grab, das die inzwischen Verschiedenen bald aufnehmen sollte.

Diesmal war unser Rufen nicht vergeblich; eine französische Patrouille erschien und nun wurden wir auf schnell herbeigeführten Eseln, auf deren Rücken große Tragekörbe befestigt waren, ins Lager gebracht, wo ein Chirurg oberflächlich meine Wunde verband.

Für die Blessierten war im Lager wenig Raum. Eine Barracke, die zu einer Art Feldlazarett eingerichtet war, gewährte mir mit einer Menge anderer Blessierter wenig Schutz vor der ziemlich rauen Nachtluft.

Nach einer qualvoll durchwachten Nacht wurde ich mit den übrigen Verwundeten am nächsten Morgen auf Esel geladen, um nach Perpignan ins Hospital gebracht zu werden.

7. Kapitel
Der Rücktransport nach Frankreich - Die Amputation - Meine Rückkehr zum Regiment, die Beförderung - Erneute Desertion - Auf Seiten der Aufständischen - Neue Gefahren, eine neue Uniform

Die Reise nach Perpignan gehört zu den qualvollsten Katastrophen meines Lebens. Die leiseste, durch jeden Schritt des Esels erneuerte Erschütterung meines Körpers, verursachte mir die brennendsten Schmerzen. Dazu schwebten wir in steter Gefahr, im Gebirge von den Guerillas überfallen zu werden und wenn wir auch mit einer ziemlich starken Eskorte versehen waren, so malte doch meine durch das heftigste Wundfieber erregte Fantasie die scheußlichsten Bilder aller möglichen Martern, unter denen die Spanier uns Blessierte ermorden würden, wenn unsere Bedeckung von ihnen überwältigt werden sollte.

Indes kamen wir am zweiten Tage unangefochten nach Perpignan. Die Ärzte erklärten meinen Zustand für höchst gefährlich und behaupteten, dass bei der qualvollen Vernachlässigung meiner Wunde der kalte Brand bereits in einem solchen Grade hinzugetreten sein, dass zur Erhaltung meines Lebens notwendigerweise zur Amputation meines Beines geschritten werden müsse.

Nicht die Furcht vor den Schmerzen dieser Operation, die schwerlich empfindlicher sein konnten, als die, welche ich ohnehin schon erduldete, als vielmehr die Vorstellung als hilfloser Krüppel in mein Vaterland zurückkehren zu müssen, erfüllten mich mit Entsetzen. Mit aller Entschiedenheit erklärte ich, lieber sterben zu wollen, als mich amputieren zu lassen.

Eine Schilderung meiner furchtbaren Leiden will ich gar nicht versuchen. Die unsäglichen Schmerzen hatten mich in einem Zustande völliger Bewusstlosigkeit versetzt, aus der ich eines Morgens durch die zur Amputation meines Beines getroffenen Anstalten erweckt wurde. In der fürchterlichsten Angst erhob ich mich, alle Schmerzen vergessend, auf mein Lager und ergriff mit verzweifelter Anwendung meiner letzten Kräfte eine neben meinem Bette stehende Krücke, mit der ich eine drohende Stellung einnahm. Die umstehenden Ärzte lächelten darüber und schon war das gefährliche Instrument, die Krücke, meiner Hand entwunden, als ein im Saal anwesender Oberarzt, ein Deutscher, durch den von mir veranlassten Skandal auf mich aufmerksam gemacht wurde. Während ich nun unter den Händen der Krankenwärter wie ein Rasender tobte, untersuchte der Oberarzt meine Blessur, disputierte mit den übrigen und behauptete, dass ich bei sorgfältiger Behandlung auch ohne die beabsichtigte Amputation wiederhergestellt werden könne. Nach seiner Ansicht habe der Knochen keine erheblichen Verletzungen erlitten und meine Wunde habe nur durch die totale Vernachlässigung einen anscheinend bösartigen Charakter angenommen.

Diesem einsichtsvollen Arzt verdanke ich die Erhaltung meines Gliedmaßen; denn die von ihm angeordnete Kur und besonders die Anwendung von Weinumschlägen war von so glücklichem Erfolge, dass ich mich zur Verwunderung jener schneidewütigen Chirurgen bald außer Gefahr befand.

Zu Anfang des Februar 1810 war ich soweit hergestellt, dass ich dem Regimente wieder folgen konnte, welches nun in der Festung Gerona stand, die inzwischen durch die Not gezwungen, am 10.Dezember 1809 kapituliert hatte. Diese Stadt gewährte einen traurigen Anblick; die schönsten Gebäude waren durch das anhaltende Bombardement demoliert und ganze Straßen in Schutthaufen verwandelt. Auf einem öffentlichen Platz mitten in der Stadt hatte Marschall Augerau einen Galgen errichten lassen, an dem die von den Franzosen mit Waffen in der Hand ergriffenen Spanier gehenkt wurden. Erst später verlegte man den Schauplatz dieser ekelhaften Exekutionen vor das Tor der Stadt und hier wurden nun fast täglich die eingebrachten Guerillas zu Dutzenden entweder erschossen oder gehängt.

Standen diese terroristischen Maßnahmen schon im grellsten Widerspruch zu den Grundsätzen der Humanität, mit denen Napoleon und seine General ihre Proklamationen zu prunken pflegten, so waren sie andererseits nur geeignet, die Rachgier der Spanier zum wildesten Fanatismus zu entflammen. Kein Wunder also, wenn in der Stadt selbst eine Menge der Unsrigen meuchlings ermordet wurden, deren Leichen man stets auf eine schreckliche Weise verstümmelt wieder fand. Einige, die unbesonnen genug waren, sich durch die verführerischen Augen schöner Spanierinnen in einen Hinterhalt locken zu lassen, fanden ihren sicheren Tod von der Hand racheglühender Weiber.

Die Reihen unseres Regiments waren während der Belagerung bedeutend gelichtet worden. Bei der Wiederbesetzung mehrerer Offiziersstellen wurde auch ich, nicht lange nach meiner Ankunft in Gerona, zum Lieutenant befördert.

In einem von den Mönchen verlassenen Kloster einquartiert, mussten wir auf jede Bequemlichkeit verzichten. Die Soldaten lagen auf dem bloßen Fußboden und nur den Offizieren war es vergönnt, auf einem Lager von Bastmatten zu schlafen. Aber alle wurden gleichmäßig von Ungeziefer jeglicher Art gepeinigt. Bei der Anhäufung so großer Truppenmassen in einem durch die achtmonatige Belagerung ausgehungerten Orte war der Mangel an Lebensmitteln um so fühlbarer, als der für die Armee bestimmte aus Frankreich herübergebrachte Proviant häufig von den Spaniern weggenommen wurde. In Gerona selbst waren die Preise der wenigen vorhandenen Mundvorräte zu einer immensen Höhe gestiegen, deshalb unternahmen wir zur Fouragierung des öfteren Streifereien in die Umgegend, bei denen es in der Regel blutige Gefechte mit den Guerillas gab.

Das Frühjahr begann unter großen Rüstungen der französischen Armee, die nun bedeutende Verstärkungen erhielt. Aber auch die Spanier waren nicht müßig. Besonders in Katalonien wurden die bis dahin völlig ungeregelten Haufen der Guerillas durch Juan Martin Diaz besser organisiert, so dass sie von nun an den französischen Truppen oft erheblichen Schaden zufügten.

Unzufrieden mit den im Verhältnis zu den ungeheuren Menschenopfern geringen Erfolge der Unternehmungen Augeraus, übertrug Napoleon den Oberbefehl dem Marschall MacDonald, der nun mit der ihm eigenen Energie die Insurrektion bekämpfen sollte. Dies war indes keineswegs ein leichtes Spiel, am wenigsten aber mit Truppen, die, aus den verschiedenartigsten Elementen zusammengesetzt, nicht immer für die selbstsüchtigen Pläne Napoleons zu begeistern waren und die eben so sehr durch verheerende Krankheiten aufgerieben wurden, als durch die verzweifelten Anstrengungen eines in seinen heiligsten Rechten angegriffenen Feindes.

Nach der Einnahme der südlich von Gerona gelegenen kleinen Festung Hostalrich wurde ein Kommando unseres Regiments, zu dem auch ich gehörte, dorthin beordert. Hier herrschte unter der Besatzung das Gelbfieber und die Ruhr in einer Schrecken erregenden Weise. Daher war ich froh, als wir schon nach einigen Tagen den Befehl erhielten, uns einem Korps anzuschließen, welches nach der Gegend von Manresa aufbrach, wo sich zahlreiche Insurgentenhaufen festgesetzt hatten.

Auf dem höchst beschwerlichen Marsch durch das Gebirge wurden wir fast täglich von den Guerillas angegriffen, die, durch das Terrain begünstigt, uns viele Leute töteten oder blessierten, während wir mit großer Anstrengung uns nur die Passage erkämpfen konnten.

Es würde zu weit führen, wollte ich hier auf eine Beschreibung der einzelnen Gefechte eingehen, welche wir mit abwechselndem Glück zu bestehen hatten. Die Strapazen dieses fortwährenden kleinen Krieges waren so ermüdend und wirkten so entmutigend auf unsere Truppen, dass viele Soldaten, wo sich nur eine Gelegenheit dazu darbot, zum Feinde übergingen, bei dem sie wenigstens hoffen durften, der Not überhoben zu sein, die bei uns mit jedem Tage drückender wurde. Dessen ungeachtet hatte unsere Expedition doch den Erfolg, dass die Spanier, welche sich übrigens nur auf kleine Scharmützel einließen, im offenen Kampfe aber selten Stand hielten, bis hinter Manresa zurückgetrieben wurden.

Nun wandten wir uns wieder nördlich nach Bannolas, um auch die dortige Gegend von den Guerillas zu säubern. Wir marschierten durch wildromantische Gebirgsgegenden, deren Anblick unter anderen Verhältnissen jeden entzückt haben würde; so aber schweiften die müden Blicke langsam und gleichgültig über diese Naturschönheiten dahin und belebten sich nur dann mit einem unheimlichen Feuer, wenn auf den Bergen der Dampf feindlicher Schüsse emporblitzte.

Es war erst im Monat Mai und doch herrschte schon, besonders in den von ungeheuren Gebirgsmassen eingeschlossenen Tälern eine für unsere nordischen Naturen fast unerträgliche Hitze, die bei der schlechten Nahrung eine so große Erschlaffung bewirkte, dass nicht selten Einzelne marode, unfähig dem Zuge zu folgen, am Wege liegen bleiben mussten, wo sie dann in der Regel den Spaniern in die Hände fielen. Die wenigen Maultiere, welche wir zur Fortschaffung der Bagage bei uns führten, waren so bepackt, dass an den Transport der unterwegs Ermüdeten und Erkrankten nicht zu denken war. Wer kehrte sich unter solchen Umständen auch an den Einzelnen? Jeder sorgte nur für sich und gleichgültig gegen das Elend anderer hatten alle nur einen Gedanken - die Furcht, vielleicht bald demselben Missgeschick erliegen zu müssen.

Um nur Lebensmittel aufzutreiben, mussten wir in verschiedenen Trupps die im Gebirge zerstreut liegenden Ortschaften heimsuchen. In der Regel fanden wir die Dörfer von ihren Bewohnern verlassen und nur selten waren die Nachforschungen nach Lebensmitteln von günstigem Erfolge.

Auf einem solchen Streifzuge vereinigten wir uns einmal in der Nähe eines Dorfes, nicht mehr weit von Bannolas, mit einer Kompanie von einem neapolitanischen Regiment. Den Eingang in das Dorf bildete eine enge Schlucht, in der wir von den Guerillas mit Flintenschüssen empfangen wurden. Erst nach einem harten Kampfe, in dem wir und die Neapolitaner mehrere Leute verloren hatten, drangen wir in das Dorf. Die bewaffneten Spanier, meist Bewohner des Dorfes, flohen in das Gebirge und nun wurde von den durch das Gefecht wütend gemachten Soldaten kein Haus vor Plünderung verschont. Besonders gut verstanden sich die Neapolitaner auf eine gründliche Untersuchung aller Gebäude. Im Dorfe selbst waren indes wenig Lebensmittel vorhanden, eine geringe Quantität Wein und etwas Speck machte die ganze Beute aus.

Wütend über diesen geringen Ertrag demolierten die Italiener alle Gerätschaften, die nur den geringsten Wert haben mochten; dann legten sie Feuer in die Gebäude und hatten ihre wilde Lust daran, wenn die hellen Flammen aus Türen und Fenstern hervorsprühten.

Am Widerwärtigsten berührte mich dabei die Bemerkung, dass die neapolitanischen Offiziere diesem ruchlosen Treiben ihrer Soldaten nicht nur wohlgefällig zusahen, sondern sie sogar zur Fortsetzung dieses Unfugs ermunterten.

Ein hochbetagter Greis und ein etwa zehn Jahre alter Knabe machten die einzigsten lebenden Wesen aus, welche von der gesamten Einwohnerschaft im Dorfe zurückgeblieben waren. Mit dem Capitaine unserer Kompanie kam ich gerade hinzu, als diese beiden von einem Haufen neapolitanischer Soldaten unter Misshandlungen auf die Straße hinausgezerrt wurden und sicherlich würden sie umgebracht worden sein, hätten wir sie nicht aus den Händen der Wüteriche befreit, die sich nicht schämten, ihre Hände mit dem Blute dieser Wehrlosen zu beflecken.

Es fehlte nicht viel, so wären wir deshalb mit den hinzukommenden italienischen Offizieren in arge Konflikte geraten, indes musste ihnen das Benehmen unseres Capitains so imponieren, dass sie, wenn auch brummend, davongingen. Nun beeilte ich der Greis, uns seine Dankbarkeit in Worten zu beweisen, von denen ich bei meiner Unkenntnis der spanischen Sprache zwar wenig verstand, deren Sinn mir aber von dem dieser Sprache kundigen Capitaine verdolmetscht wurde.

Unfähig, den in das Gebirge entflohenen Dorfbewohnern zu folgen, hatte der alte Mann, den der Knabe, sein Enkel, nicht verlassen wollte, in seinem Hause zurückbleiben müssen, wo beide sich verborgen hielten. Als die Neapolitaner sie in ihrem Versteck entdeckten, stellte der Knabe sich zum Schutze des geliebten Großvaters den Soldaten mit einem Dolch bewaffnet gegenüber. Das schwache Kind war jedoch bald entwaffnet worden, aber dieser wahrhaft rührende Zug kindlicher Liebe, der in unseren Augen den kleinen schwarzäugigen Katalonier zu einem Helden erhob, hatte nur dazu gedient, die Wut der wilden Italiener noch mehr zu reizen.

Während der Greis uns dies erzählte, hatten die Italiener sein Haus angezündet und ehe wir gegen das Umsichgreifen des Feuers etwas unternehmen konnten, drang die Flamme schon aus dem Innern des Hauses hervor. Nicht weit von dem brennenden Hause, auf einem Stein sitzend, blickte der Greis, von den Armen seines Enkels umschlungen, mit tränenfeuchten Augen starr und stumm zu den Flammen hinüber, welche sein geringes Eigentum zerstörten. Nie werde ich den Eindruck vergessen, welchen der Anblick dieses tragischen Bildes auf mich machte, von dem ich schmerzlich bewegt mich wegwandte.

Auf einem Berge in geringer Entfernung vom Dorfe stand ein altes Mönchskloster. Die Hoffnung auf gute Beute hatte die Italiener dorthin getrieben, am Eingange waren sie aber von einer beträchtlichen Anzahl Spanier, welche der durch die Mönche genährte Fanatismus zur Verteidigung des Klosters vermocht hatte, mit Flintenschüssen empfangen worden. Erst als sich auch unsere Kompanie bei dem Angriffe auf das Kloster beteiligte, gelang es, in dasselbe einzudringen. Die Mehrzahl der bewaffneten Spanier, wie auch die der Mönche, hatte inzwischen durch eine Hinterpforte das Weite gesucht, was von den ersteren nicht mehr entkommen konnte, wurde ohne weiteres niedergehauen.

Unsere Soldaten überließen das scheußliche Handwerk der Niedermetzlung den Italienern und durchsuchten indes vom Hunger getrieben die Räume des Klosters nach Lebensmitteln. Einer unserer Sergeanten forderte mich auf, mit in das Souterrain hinabzusteigen, wo die Soldaten die Provinatvorräte des Klosters entdeckt haben sollten. Nach einer Stärkung lechzend, folgte ich ihm und fand in einem kellerartigen Raume viele unserer Soldaten zechend und schmausend. Wein war in großen und kleinen Gefäßen im Überfluss vorhanden; auch an Esswaren, namentlich an geräuchertem Fleisch und Brot, welches letztere wir schon lange entbehrt hatten, war kein Mangel. Durch den Genuss einiger Speisen und durch einen tüchtigen Schlick von dem feurigen Wein gestärkt, begab ich mich wieder auf den Hof des Klosters, von wo mir ein wildes Geschrei entgegenschallte.

Welch ein schauderhafter Anblick wartete meiner hier! An den auf dem Hofe stehenden Kastanienbäumen hingen die Körper von mehr denn einem Dutzend Mönchen, welche unter grässlichen Zuckungen der Gesichtsmuskeln im letzten Todeskampfe soeben fürchterlich zappelten. Der Prior aber, welcher nach den verräterischen Aussage eines Mönchs die Verteidigung des Klosters angeordnet haben sollte, war von den Italienern lebendig mit den Händen und Füßen an die Tür des Haupteingangs genagelt worden[21].

Der Schmerzensschrei des Unglücklichen, den diese entsetzliche Martern nicht so bald töteten, wurde von dem wilden Hohngelächter eines dicht daneben zechenden Soldatenhaufens übertönt. Mir wurde der Anblick dieser Scheußlichkeiten, besonders der Todesmartern des Priors unerträglich; da ich aber nicht wagen durfte, die Italiener, welche von ihrem Chef zur Füsilierung der gefangenen Insurgenten autorisiert waren, in ihrem Treiben zu hindern, so suchte ich, um wenigstens den Leiden des Gequälten ein schnelleres Ende zu machen, einen unserer Soldaten dahin zu bewegen, dass er aus einem Fenster des oberen Stockwerks dem

---

[21] diese Todesart ist von italienischen Soldaten in Spanien häufig in Anwendung gebracht worden und zwar in den meisten Fällen gegen Geistliche.

Unglücklichen eine Kugel durch die Brust schoss, die, gut gezielt, ihn in wenigen Augenblicken aller Martern überhob.

Inzwischen hatten nun aber auch unsere Soldaten so reichlich von dem vorhandenen Weine genossen, dass die Wirkungen desselben sich bei einigen in den größten Rohheiten äußerte, mit denen sie alles irgend Zerstörbare zertrümmerten. Die Teilung einer beträchtlichen Geldsumme, welche in einem großen Kasten in der Klosterkapelle gefunden worden war und zu der die Italiener ebenfalls ein Anrecht zu haben glaubten, gab nun gar Anlass zu einem Streite, der bei der furchtbaren Aufgeregtheit aller in einen blutigen Kampf auszuarten drohte.

In solchen Momenten des Kriegslebens steht es sehr misslich um die Aufrechterhaltung der Disziplin; es kostete uns daher nicht wenige Mühe, die Soldaten unserer Kompanie zum Kloster hinauszubringen, von denen viele betrunken in allen Winkeln des weitläufigen Gebäudes zerstreut, unsere Signale nicht beachteten.

Hätten die im Gebirge lauernden Guerillas es gewagt, während der Nacht die im Kloster hausenden Italiener zu überfallen, so würde schwerlich einer von der ganzen Kompanie ihrer Rache entgangen sein.

Bei Bannolas vereinigten wir uns darauf mit der Division, die hier in ihrer Gesamtstärke, welche indes nicht einmal die Hälfte des Normalbestandes ausmachte, beisammen war. In einem nahe bei Bannolas gelegenen Kloster, das großartige Räumlichkeiten hatte, wurden wir untergebracht; wir fanden es hier aber in keiner Hinsicht besser, als bei unserem früheren Aufenthalt in dem Kloster zu Gerona.

Einige Tage nach unserer Ankunft wurde ich mit einem Lieutenant H. von unserem Regiment und circa 150 Soldaten nach dem nahe gelegenen Figueras kommandiert, von wo wir einen für unsere Division bestimmten Vivre-Transport[22] eskortieren sollten.

Mir schien eine Eskorte von 150 Mann bei Weitem nicht stark genug gegen die Überfälle der in der Gegend sehr zahlreich herumstreifenden Spanier; doch durfte ich es um so weniger wagen, gegen den Befehl zu remonstrieren[23], als ich fürchten musste, von meinen Kameraden für feige gehalten zu werden.

Meine Besorgnisse waren nicht unbegründet, denn trotz aller angewandten Vorsicht wurden wir auf dem Rückweg von Figueras von einem wenigstens 500 Mann starken Guerillahaufen mit so entschiedener Übermacht angegriffen, dass wir den Spaniern den ganzen Fouragetransport überlassen und uns mit großen Opfern durchschlagen mussten, um nur nicht samt und sonders den Feinden in die Hände zu fallen. Bei dem in Bannolas herrschenden Mangel an Lebensmitteln wartete alles mit Sehnsucht auf die Ankunft des Proviants.

Als wir nun mit leeren Händen zurückkehrten, empfing uns der Divisionskommandeur mit großer Entrüstung, hörte meinen Rapport kaum zu Ende, sondern beschuldigte mich und den mit mir kommandierten Kameraden geradezu der Pflichtverletzung und versicherte, uns vor ein Kriegsgericht zu stellen, dass uns beide im günstigsten Fall zum Ersatz des durch unsere Schuld herbeigeführten Schadens verurteilen würde.

---
[22] Vivre-Transport - Lebensmitteltransport
[23] remonstrieren - (französisch) Vorhaltungen machen, sich beschweren

Wir hatten uns mit den Spaniern ernstlich geschlagen, mussten uns also, in dem Bewusstsein unsere Pflicht erfüllt zu haben, durch diese Beschuldigung aufs Tiefste verletzt fühlen. Es kostete nicht geringe Selbstüberwindung, diesen beleidigenden Insinuationen[24] gegenüber sich innerhalb der Grenzen der militärischen Subordination zu halten. Nach meiner moralischen Überzeugung hatte der Herr Oberst selbst und zwar dadurch den Verlust des Fouragetransports herbeigeführt, dass er zu einer Expedition von solcher Wichtigkeit ein viel zu schwaches Kommando beordert hatte, während er doch wissen musste, welche Macht den die Gebirge beherrschenden Spaniern zu Gebote stand.

Ich hütete mich indes, diesen Gedanken Worte zu geben und begnügte mich mit der Versicherung, dass wir sowohl als auch die Soldaten unsere Schuldigkeit getan hätten, worüber der nicht unbedeutende Verlust an Toten und Blessierten das sprechendste Zeugnis gebe; indem ich mich aber zu solcher Mäßigung zwang, reifte in mir ein Entschluss, mit dem ich mich schon seit längerer Zeit herumgetragen hatte, ohne ihn jedoch bislang auszuführen.

Nicht allein der sehnlichste Wunsch, in mein Vaterland zurückzukehren, sondern auch die unbesiegbare Antipathie, mit der ich für die mir fremden Interessen Napoleons, des Feindes und Unterdrückers meines Vaterlandes, mich an einem strapaziösen und grauenvollen Kriege beteiligen musste, neuerdings nun aber die offenbare Ungerechtigkeit, mit der mir die Verantwortlichkeit für einen höheren Orts verschuldeten Verlust aufgebürdet werden sollte, machte mir mein bisheriges Verhältnis unerträglich. Daher wartete ich nur auf eine günstige Gelegenheit, eine Fahne verlassen zu können, der ich freiwillig niemals gefolgt sein würde und an welche mich kein anderes Band knüpfte, als das des Zwanges und der Notwendigkeit.

Zur Ausführung dieses Entschlusses, den ich gemeinschaftlich mit dem wegen der verunglückten Fourageexpedition mit mir in gleicher Verdammnis befindlichen Kameraden fasste, blieb uns indes kein anderer Weg, als zu den Spaniern überzugehen, von denen wir wussten, dass sie die Deutschen gern willkommen hießen.

Tags darauf verschwand mein Kamerad; es musste sich ihm eine sehr günstige Gelegenheit dargeboten haben, die er, gegen unsere Verabredung, gemeinschaftlich davonzuziehen, benutzt hatte.

Am nächsten Morgen war ich so glücklich, zur Feldwache kommandiert zu werden, deren Vorposten mit Tagesanbruch auf die Westseite von Bannolas bis über ein dort gelegenes Kloster hinaus ins Gebirge hinein vorgeschoben werden sollten. Wir waren noch nicht auf die uns bezeichneten Punkte gelangt, als ein Sergeant, mit dem ich schon im Hospital zu Metz näher bekannt geworden war, mir entdeckte, dass die Soldaten unserer Feldwache gesamt entschlossen seien, zum Regimente nicht wieder zurückzukehren.

Der schlaue Mensch, der meine Absicht zu den Spaniern zu gehen erriet, wollte mir die unbequeme Mühe, mit den Soldaten selbst zu unterhandeln, ersparen, daher hatte er dieselben zur Ausführung des von allen schon längst gehegten Planes persuadiert[25], was ihm keine große Mühe verursachte.

---

[24] Insinuationen - (französisch) Anspielungen, Verdächtigungen

Mir kam diese Mitteilung sehr gelegen; in einer kurzen Anrede fragte ich die Soldaten, ob sie geneigt seien, mit mir zu den Spaniern überzugehen. Alle beantworteten diese Frage mit ja und nun marschierten wir, beinahe 50 Mann stark, immer weiter in das Gebirge hinein, bis uns nicht lange darauf aus seinem Gebüsch ein spanisches „*Qui viva?*"[26] entgegenschallte, das die Soldaten mit ihrem „*Desertore!*" beantworteten und zum Beweise ihrer friedensfertigen Absichten sogleich die Waffen niederlegten.

Die Guerillas, welche hier die Feldwache bildeten, empfingen uns mit großer Freundlichkeit. Ihr Anführer bewillkommnete mich mit einem Händedruck und reichte mir zum Zeichen seiner Freundschaft einen Weinschlauch, aus dem ich mittelst eines spitzen Mundstückes, nicht ohne Schwierigkeit, auf das Wohl Ferdinands VIII. trinken musste. Dann ließ er uns nach dem nicht weit entfernten Dorfe Rülos führen, das von einer großen Anzahl Guerillas besetzt war. Die Spanier begrüßten uns mit freudigem Jubel und führten uns sogleich zu ihrem Anführer Misas, ein früherer Eseltreiber, der sich um die Verteidigung Kataloniens sehr verdient gemacht hatte.

Mit sichtbarem Wohlgefallen musterte er, ein Mann von kolossalem Körperbau, mit dem stechenden Blick, der auf seinen energischen Charakter schließen ließ, die Reihen meiner Soldaten und erfreut über die beträchtliche Anzahl derselben, klopfte er mir auf die Schulter und sprach einige Worte, welche mir ein Lob auszudrücken schienen, darüber, dass ich die Franzosen verlassen hatte, bei deren bloßer Erwähnung ihm das Auge vor Wut funkelte.

Hierauf musste ich mit ihm in ein Haus eintreten und an einer reichlich besetzten Tafel Platz nehmen, an der mehrere Guerillaoffiziere und einige Schweizer vom Regiment *Wimpfen*, die uns als Dolmetscher dienten, sich es vortrefflich schmecken ließen.

Auch meines Tags zuvor übergegangenen Kameraden, den Lieutenant H., traf ich in der Gesellschaft, doch hatte ich Mühe, ihn in dem Guerillakostüm wieder zu erkennen, gegen das er seine Uniform schon vertauscht hatte. Wir waren beide erfreut, uns wiederzusehen und versprachen, so lange die Verhältnisse es uns gestatten sollten, beisammen zu bleiben.

Aus diesem Grunde und weil ich mich durch ein Engagement bei einem regulären Truppenteil nicht binden wollte, lehnte ich das mir von den Schweizern gemachte Anerbieten, in ihr Regiment einzutreten, ab und stellte mich mit der Hälfte meiner Soldaten, die übrigen gingen zu den Schweizern, zur Verfügung Misas, der mich um so bereitwilliger aufnahm, als er unsere militärischen Kenntnisse und Erfahrungen für seine Unternehmungen auszubeuten hoffte.

Nun kaufte ich mir von verschiedenen Guerillaoffizieren das erforderliche Kostüm, bestehend aus kurzen nur bis an die Knie reichenden Beinkleidern, einer Art Ärmelweste und einen weiten spanischen Mantel. An die nackten Füße wurden Sandalen befestigt und auf dem Kopfe prangte eine rote Zipfelmütze ...

---

[25] persuadiert - (veraltet) überreden

[26] „Qui viva?" - spanischer Postenruf: „Wer ist da?"

Die für die Soldaten in aller Eile angeschafften Kleidungsstücke bestanden aus den verschiedenartigsten, zum Teil sehr groben Stoffen und waren meist schon sehr abgetragen. Für alle waren indes keine Kleider vorhanden, weshalb mehrere aus ihren alten Montierungsstücken durch schnell ausgeführte Änderungen die fehlenden Gegenstände zu ergänzen suchten. In meinem Kostüm kontrastierte ich sehr durch mein halbblondes Bart- und Haupthaar gegen die schwarzbärtigen Spanier, die sich an meiner seltsamen Erscheinung nicht satt sehen konnten.

Meine bisherigen Soldaten wurden nun, obwohl sie es ausdrücklich wünschten, unter meinem Befehl zu bleiben, den einzelnen unter Misas stehenden Häuptern zugeteilt, wahrscheinlich wohl, weil man uns doch nicht ganz für kapitelfest halten mochte, ungeachtet der wiederholten Versicherungen, dass man zu den Deutschen das größte Vertrauen habe. Dagegen wurde ich einem Offizier beigegeben, der einen Haufen von circa 60 Spanier kommandierte. Es war dies lauter zusammengelaufenes Gesindel, ohne alle Zucht und Disziplin, von denen viele vor dem Ausbruch der Insurrektion das Räuberhandwerk betrieben hatten.

Ich kann eben nicht sagen, dass ich mich in dieser Umgebung heimisch gefühlt hätte; auch bereitete mir in der ersten Zeit meine Unkenntnis der spanischen Sprache große Unbequemlichkeiten. Aber schon in einigen Tagen hatte ich eine solche Menge der am häufigsten vorkommenden Redensarten kapiert, dass ich mich notdürftig verständigen konnte. Diese Fortschritte in meiner Sprachkenntnis dienten nur dazu, meinen Wert in den Augen Misas bedeutend zu erhöhen, von dem ich mit Auszeichnung behandelt wurde.

Auf seine Veranlassung verfassten wir nun Proklamationen in deutscher Sprache, in denen die westfälischen Soldaten aufgefordert wurden, die Fahnen Napoleons, ihres Feindes, zu verlassen und zu den Spaniern überzugehen, von denen ihnen sehr verführerische Anerbietungen gemacht wurden. Diese Proklamationen wurden überall wo deutsche Truppen standen ausgestreut und hatten den Erfolg, dass die Soldaten scharenweise mit Gewehr und Waffen zu uns überliefen.

Obwohl uns eigentlich kein festes Einkommen versichert worden war, so erhielten wir doch von den Geistlichen, welche eigentlich die ganze Insurrektion leiteten, einiges Geld, wofür wir kleinere Ausgaben, deren wir übrigens im Gebirge wenige hatten, bestreiten konnten. An Lebensmitteln war übrigens bei den Spaniern kein Mangel und so wir fühlten uns in materieller Hinsicht behaglicher als früher im französischen Lager.

Um nicht das Misstrauen noch zu verstärken, mit dem namentlich die gemeinen Spanier mich zu beobachten pflegten, sah ich mich veranlasst, mich für einen strenggläubigen Anhänger der allein selig machenden Kirche auszugeben. Als solcher unterwarf ich mich denn auch allen religiösen Förmlichkeiten, welche die katholische Kirche vorschreibt und deren Ausübung ich durch meinen langen Aufenthalt in katholischen Ländern so gut gelernt hatte, dass mir diese Täuschung, zu der ich unter anderen Umständen mich nicht hergegeben haben würde, vollständig gelang. Hätte ich dagegen zu meiner wahren Konfession bekannt, so würde ich mich dadurch als Ketzer bei den orthodoxen Spaniern eine unerträgliche Situation bereitet haben.

Unser Dienst beschränkte sich außer den Feldwachen meist auf Streifereien und Rekognoszierungen durch das Gebirge. Die Anführer der einzelnen Guerillabanden in Katalonien standen durch gewandte und der Gegend kundige Boten in so genauer Verbindung miteinander, dass sie sich fast täglich auf bedeutende Entfernungen hin über die veränderten Stellungen der französischen Truppen Rapport abstatten konnten, wodurch es ihnen möglich wurde, sich erforderlichen Falls in kurzer Zeit zu größeren Massen zu konzentrieren und dann durch die lokalen Verhältnisse begünstigt, kleinere feindliche Abteilungen mit gutem Erfolg zu überfallen.

Bei einer solchen Expedition, die wir gegen eine etwas zu weit ins Gebirge vorgeschobene Kolonne der westfälischen Division unternahmen, wurde das Detachement, dem ich beigegeben war, von einem wider unser Erwarten den bedrängten Westfalen zu Hilfe kommenden zahlreichen Korps von den Unsrigen abgeschnitten. Meine Angst, den Westfalen in die Hände zu fallen, welche mich ohne Weiteres erschossen haben würden, war nicht gering, daher suchte ich, fest entschlossen mich lebend nicht zu ergeben, die Spanier zu einem energischen Widerstande zu ermuntern. Die Guerillas, durch meine Ausdauer ermutigt, schlugen sich diesmal mit viel mehr Bravour, als sie es sonst zu tun pflegten und unterhielten, nur durch ein kleines Gebüsch gedeckt und mit dem Rücken an eine unübersteigbare Felswand gedrängt, so lange ein ziemlich wirksames Feuer gegen die andringenden Westfalen, bis wir durch einen glücklichen Flankenangriff, den Misas zu unserer Hilfe mit seiner ganzen Macht unternahm, aus der Klemme befreit wurden.

Von diesem Tage an waren die Spanier weniger misstrauisch gegen mich; ich erkannte nun aber auch die Größe der Gefahr, in der ich durch meiner Beteiligung an den Gefechten mit den Westfalen in doppelter Hinsicht ausgesetzt war. Nur zu gut erinnerte ich mich daran, dass einige Überläufer, die sie wieder gefangen genommen hatten, ohne Gnade erschossen worden waren; ich hatte deshalb schon mit meinem Landsmann H., der ja die Gefahr mit mir teilte, einen Plan verabredet, nach welchem wir uns nach einer anderen Provinz begeben wollten. Misas wollte uns jedoch nicht entlassen und versicherte, dass er ohnehin binnen Kurzem mit seinem Korps diese Gegend verlassen und sich im Süden von Katalonien der dort operierenden spanischen Armee anschließen werde.

Einige Zeit darauf hielt er denn auch Wort. Wir brachen auf und marschierten durch das so genannte Schwarze Gebirge in südlicher Richtung auf Manresa zu. Der Marsch durch das größtenteils sehr unwegsame Gebirge war höchst beschwerlich und da ich mich auf das Klettern weniger verstand als die darin geübten Spanier, so wurde ich mit einem Esel beritten gemacht, der mich langsamen Schrittes aber mit großer Sicherheit über die gefährlichsten Stellen, oft am Rande der schroffsten Abgründe, hinwegtrug.

Manresa selbst war damals von den Franzosen besetzt, weshalb wir es in einiger Entfernung umgehen mussten, um nach Villafranca zu gelangen, wo wir die spanische Armee treffen sollten. Aber auch hier fanden wir dieselben nicht.

In Reus erfuhren wir, dass die Spanier weiter südlich in der Nähe von Tortosa gegen ein starkes französisches Korps operierten. Die ganze Gegend dorthin wurde aber von einzelnen französischen Detachements beherrscht, mit denen wir uns häufig in Gefecht einließen, bei denen wir jedoch keinen großen Vorteil errangen. Ein einziges Mal nur gelang es uns, den Franzosen bei einem Dorfe unweit Reus einen bedeutenden Munitionsvorrat wegzunehmen. Dieser gute Erfolg war indes weniger der Tapferkeit der Spanier, als vielmehr der beispiellosen Sorglosigkeit zuzuschreiben, mit der das französische Detachement sich überfallen ließ.

Unser ganzes Korps war kaum 500 Mann stark und es durfte daher nicht wagen, die große Straße einzuschlagen, auf der es sehr leicht von den hier und dorthin marschierenden französischen Truppen hätte aufgerieben werden können, die in der Regel viel stärker waren als wir. Daher mussten wir uns denn westlich dem Gebirge zuwenden, wurden aber, bevor wie uns noch mit den nördlich von Tortosa stehenden Spaniern vereinigen konnten, von einem uns weit überlegenen feindlichen Korps südwärts über Tortosa hinausgedrängt und mussten, auf diese Weise von der spanischen Armee abgeschnitten, nach der Provinz Valencia hinüber, wo wir uns erst jenseits Morella im Gebirge festsetzen konnten.

Nun begann ein fast zweckloses Umherziehen, wobei ich nur den Vorteil genoss, reizende Gegenden kennen zu lernen, mit deren Beschreibung ich mich aber nicht befassen darf, weil dies ebenso wenig der Raum meines Buches gestattet, als es überhaupt dem Zweck desselben entsprechen würde.

Nach Verlauf einiger Wochen, nachdem wir bis über Valencia hinaus vorgedrungen waren, zogen wir durch einige neu hinzugekommene Guerillahaufen verstärkt, wieder nach Katalonien, dem Haupttummelplatz für den Guerillakrieg. Während unserer Exkursion nach Valencia hatten die Franzosen in Katalonien nicht unbedeutende Vorteile erlangt und sich nun auch über den westlichen Teil der Provinz ausgebreitet. Von Tortosa brachen wir nach Lerida auf, das wir im Verein mit anderen Guerillabanden und einiger größerer Detachements regulärer spanischer und schweizer Truppen gegen die darauf anrückenden Franzosen verteidigen sollten. Diese hatten aber die Festung schon genommen, bevor wir ankamen und nun begannen wir wiederum das alte Spiel, dem Feinde aufzulauern, ihn aus dem Hinterhalt zu überfallen, überhaupt ihn durch den kleinen Krieg zu beunruhigen und zu schwächen.

Rastlos durchstreiften wir das Gebirge nach allen Richtungen hin. Bald waren wir dicht vor den Toren von Lerida, um die französische Besatzung zu alarmieren, bald waren wir bei Montblanch, wo wir ein vereinzeltes feindliches Detachement überfielen und dann wieder bei Cervera. Diese Stadt war bisher von den Franzosen unbesetzt geblieben, weshalb wir sie auf unseren Streifereien häufig besuchten, um unsere Munitions- und Lebensmittelvorräte zu ergänzen.

Auf den Landstraßen Kataloniens habe ich wohl häufig einzelne Körperteile hingerichteter Straßenräuber auf hohen Pfählen befestigt gefunden und niemals konnte ich einen solchen Ort passieren, ohne den größten Abscheu gegen die Schaustellungen zu empfinden.

In Cervera hing aber gar auf dem Marktplatze an der Ecke des Rathauses der Schenkel eines Offiziers, der vor Kurzem wegen Landesverrats geviertteilt worden war und dessen Körperteile man nun zum warnenden Exempel in verschiedenen Orten an die öffentlichen Gebäude genagelt hatte. Die dem Rathause gegenüber wohnenden und vorbeigehenden Spanier und selbst die Frauen blickten mit Gleichgültigkeit auf dies Ekel erregende Fragment eines menschlichen Kadavers, das noch ziemlich frisch vor den Augen der Welt von den Würmern zerfressen wurde und in der großen Hitze ringsumher die Luft verpestete. Man kann hieraus schließen, zu welchen Grausamkeiten ein Volk fähig sein musste, das auf diese Weise an den Anblick der naturwidrigsten Scheußlichkeiten förmlich gewöhnt wurde.

Inzwischen wurde auch Cervera von den Franzosen besetzt und nun zogen wir in der Richtung auf Manrese weiter ins Gebirge hinein.

Schon seit geraumer Zeit hatte ich mit meinem Landsmann H. den Entschluss gefasst, die Guerillas zu verlassen. Des wüsten Treibens unter diesen wilden Horden müde, sehnten wir uns nach den Annehmlichkeiten einer geregelten Lebensweise, vor allem aber wünschten wir in unser Vaterland zurückzukehren. Bisher hatte sich keine Gelegenheit zu einer vorteilhaften Veränderung unserer Lage dargeboten, jetzt aber erfuhren wir, dass in Tarragona von den Spaniern eine reguläre Truppe unter dem Namen *Garde Wallone* gebildet werde, für die nun namentlich kriegstüchtige Offizier gesucht wurden. Wir beschlossen also, beide nach Tarragona zu gehen und wenn wir kein vorteilhaftes Engagement finden sollten, von dort aus zur See Spanien zu verlassen.

Misas entließ uns sehr ungern, gab uns aber, da wir schon seit geraumer Zeit keine Geld empfangen hatten, eine Anweisung auf 60 Duros, für jeden, die uns als Gratifikation für unsere Dienste auf dem Montserrat ausgezahlt werden sollten, wo der die Insurrektion in Katalonien leitende Bischof seinen Sitz hatte.

Der Montserrat ist ein etwa zwei Stunden südlich von Manresa gelegener sägeförmig gestalteter Kalkberg, von beinahe 4000 Fuß Höhe. Auf demselben befindet sich wegen ihrer schönen, großartigen Gebäude berühmte Benediktiner Abtei gleichen Namens und 14 Einsiedeleien, die alle in malerischer Umgebung rings um die imposante Abtei herum gruppiert, den Eindruck machen, als wären sie in dieser schwindelnden Höhe an die schroff überhängenden Felsmassen angeleimt. Die Natur hat diesen seltsam geformten Berg so befestigt, dass die hier wohnenden Geistlichen vor einer Überrumpelung durch die Franzosen sicher sein konnten. Oben auf der Abtei wimmelte es von Geistlichen, Mönchen und Guerillas. Wir wurden freundlich aufgenommen und von den Mönchen, die hier, so hoch über der Erde, ungeheure Vorräte aufgespeichert hatten, auf eine fast luxuriöse Weise bewirtet. Geld erhielten wir indes nicht, wir wurden aber angewiesen uns die 60 Duros von dem Gouverneur in Tarragona auszahlen zu lassen.

Unter den Geistlichen, die sich mit uns unterhielten, befand sich ein schon ziemlich betagter Mann, der uns als seine Landsleute begrüßte. Er war aus Erfurt und durch ein seltsames Geschick schon in jüngeren Jahren nach Spanien verschlagen worden. Bei seinem langjährigen Aufenthalt in Spanien hatte er das Deutsche so verlernt, dass, als es er versuchte, sich in seiner Muttersprache mit uns zu unterhalten, wir uns kaum mit ihm verständigen konnten und es vorzogen, mit ihm Spanisch zu reden, das uns jetzt schon ziemlich geläufig war.

Tags darauf verließen wir den Montserrat und traten in der fürchterlichsten Hitze des spanischen Sommers den Marsch nach Tarragona an. Der Wein, den wir bei uns führten, war in den Schläuchen fast siedend heiß geworden und gewährte uns daher keine Erfrischung mehr, als wir von dem brennendsten Durst geplagt, rings umher vergebens nach Wasser suchten. Endlich fanden wir dicht am Wege eine kleine Quelle, aus der das Wasser klar wie Kristall hervorrieselte. Wer jemals in der Wildnis die Qualen des Durstes empfunden hat, der wird die Freude begreifen, mit der wir das Wasser schöpften, um es in langen Zügen einzuschlürfen und die fast ausgedörrte Kehle damit zu benetzen. Aber - welch einen scheußlichen Geschmack hatte dieses Wasser! Es war eine der in den Gebirgen Kataloniens nicht seltenen mineralischen Quellen, deren Wasser so angenehm salzig-bitter schmeckte, dass man nicht ein paar Tropfen davon trinken kann, ohne sich die unbehaglichste Übelkeit zu bereiten.

Traurig zogen wir weiter und kamen nach einer Stunde fast dem Verschmachten nahe, an ein Dorf, das von den Bewohnern verlassen zu sein schien und dessen steinerne Häuser von den Franzosen fast sämtlich ausgebrannt waren. Vergebens suchten wir bei den ersten Häusern nach einem Brunnen. Auch von menschlichen Wesen war keine Spur und das ganze Dorf lag wie ausgestorben. Endlich sahen wir mitten auf der Straße eine offene Zisterne. In freudiger Hast stürzten wir darauf zu, fanden sie aber, wie es offenbar schien, gewaltsam verschüttet.

Ich war in einer schrecklichen Stimmung und konnte einen kräftigen Fluch auf die Franzosen, die ohne Zweifel den Brunnen ruiniert hatten, nicht unterdrücken. Wer beschreibt aber den erstarrenden Schreck, der sich unserer bemächtigte, als wir einen Augenblick später eine Menge französischer Infanteristen, welche bis dahin im Schatten einer Mauer vor unseren Blicken verdeckt, gelegen hatten, hinter derselben unter dem Rufe: „*Brigands!*" auf uns anstürmen sahen!

Als der Erste, der die Fassung wiedergewann, warf ich alles erschwerende, das ich, außer meinem Schleppsäbel und den Pistolen, die nebst einem Dolch im Gürtel hingen, bei mir führte und suchte mein Heil in der Flucht. Mein Freund tat dasselbe und zwar mit solcher Behändigkeit, dass ich Mühe hatte, neben ihm zu bleiben. Da krachten Gewehrschüsse und eine Menge Kugeln flogen zischend an uns vorüber. Gott sei Dank, ich fühlte mich unversehrt und ein Seitenblick auf meinen Begleiter überzeugte mich, dass die Kugeln auch seine Gliedmaßen nicht verletzt hatten.

Schon waren wir dem Ausgange des Dorfes nicht mehr fern, als hinter einem der letzten Häuser einige Franzosen hervorkamen, die uns den Weg abschnitten. Sie legten ihre Gewehre auf uns an, mussten aber nicht alle geladen haben, denn es fiel nur ein Schuss, von dem wir indes nicht getroffen wurden. Wir befanden uns gerade neben einer nicht sehr hohen Gartenmauer, deren Steine zu unserem Glück so schlecht zusammengefügt waren, dass wir sie mit Leichtigkeit erklettern konnten.

Inzwischen hatten einige der uns verfolgenden Franzosen die Gewehre von Neuem geladen und schickten uns, während wir die Mauer erstiegen, noch ein paar Kugeln nach, von denen eine dicht neben mir an die Mauer prallte und mich oberhalb meiner linken Hüfte unerheblich verletzte. Jenseits der Mauer befanden wir uns in einem Olivengarten, den wir wie ein gehetztes Wild durchliefen. Dann krochen wir nicht ohne große Schwierigkeiten durch einige wildverwachsene Hecken und gelangten, durch allerhand Buschwerk den Blicken unserer Verfolgern entzogen, in die Wildnis des Gebirges.

Wie lange wir gelaufen sind, weiß ich nicht. Endlich fühlte ich mich aber so ermattet, dass ich nicht mehr von der Stelle konnte. Hatten wir im Augenblick der Gefahr den Durst auch vergessen, so stellte er sich jetzt, infolge der furchtbaren Anstrengung, mit verdoppelter Heftigkeit wieder ein und peinigte uns besonders in einem Grade, dass ich für einen Trunk Wasser mich jetzt selbst den Franzosen überliefert haben würde. Ja ich war gottlos genug, gegen die Vorsehung zu murren, indem ich dachte, hat dich die Güte Gottes nur deshalb vor den feindlichen Kugeln geschützt, damit du hier einen viel qualvolleren Tod finden und elend verschmachten sollst?

H., den der Durst weniger als mich quälte, fürchtete immer noch die Verfolgung der Franzosen und drang, nachdem wir in einem Gebüsch ein wenig geruht hatten, in mich, weiter zu gehen. Willenlos ließ ich mich von ihm fortziehen und zwar zu meinem Glück, denn als wir bald darauf um eine Felsecke bogen, glaubten wir deutlich das Rieseln eines Wassers zu hören. Welch eine Musik für unser Ohr! Wir folgten dem Schall und fanden eine Quelle, im Äußeren derjenigen ähnlich, die uns einige Stunden vorher so bitter getäuscht hatte.

„Das ist gewiss dasselbe ungenießbare Zeug", brummte missmutig mein Kamerad, ich aber konnte der Versuchung nicht widerstehen und schöpfte mit der hohlen Hand ein wenig von dem Wasser, benetzte damit meine heiße Zunge, und - oh Wonne - es war das schönste Quellwasser mit einem höchst angenehmen säuerlichen Beigeschmack. Nie hat mir der herrlichste Wein so schön geschmeckt, als dieses Wasser.

Neben der Quelle auf das weiche Moos hingestreckt, beratschlagten wir, ob es nicht am Besten sein möchte, bei der Unsicherheit der Gegend nach dem Montserrat zurückzukehren, als der Schall menschlicher Stimmen zu uns herüberdrang. Ohne Zweifel waren es Franzosen, die uns verfolgten. Noch konnten wir hinter dem dichten Laubwerk, das uns umgab, nichts von ihnen sehen, aber deutlich genug hörten wir sie immer näher kommen. Ehe wir noch entfliehen konnten, woran uns die Örtlichkeit hinderte, drang ein Haufen Bewaffneter durch das Gebüsch; aber es waren keine Franzosen, sondern Guerillas, die zur Quelle kamen, um ihre Gefäße mit Wasser zu füllen und die durch unsere Anblick überrascht, uns herzlich willkommen hießen.

Wir befanden uns nicht weit von dem Dorfe Para, wo sich ein Bataillon von einem Schweizer-Regiment und eine Guerillaabteilung befand, zu welcher letzteren unsere neuen Freunde gehörten, die auf Rekognoszierung ausgesandt worden waren. Sie begleiteten uns nach Para und führten uns zu dem Kommandeur des Schweizer-Bataillons, einem Major P., einem Polen, der, nachdem wir ihm eine Schilderung unserer heute überstandenen Gefahr gemacht hatten, uns mit großer Freundlichkeit aufnahm. Seine Teilnahme wurde aber noch bedeutend erhöht, als wir im Laufe der Unterhaltung die Entdeckung machten, dass wir zusammen bei dem Regimente *von Arnim* gedient hatten. Nun war die Freude groß! Der Major stellte uns nicht nur seinen Offizieren, sondern auch seiner Gemahlin vor, einer sehr schönen und geistreichen Frau, die ihn auf seinen Kriegszügen zu begleiten pflegte. In dieser Gesellschaft verlebten wir den Rest des Tages höchst angenehm. Von allen Seiten wurden wir aufgefordert bei den Schweizern einzutreten; wir wollten indes hierüber erst in Tarragona entscheiden, wohin wir uns schon wegen der Auszahlung der uns zugesicherten Gratifikation begeben mussten.

Über Villafranca war die Straße nach Tarragona von den Franzosen frei; mehr zur Bequemlichkeit, als der Sicherheit wegen, gab der Major uns einige seiner Leute und ein paar Esel mit und schon am Nachmittage des zweiten Tages hatten wir das Ziel unserer Reise erreicht.

In Tarragona wimmelte es förmlich von Truppen, die fast täglich durch ganze Scharen von Überläufern vermehrt wurden. Hier sah man von der französischen Armee die verschiedenartigsten Uniformen: Polen, Italiener und auch Westfalen von unserem Regiment, warteten darauf, ihre Montierungen gegen die spanischen zu vertauschen, die nicht so schnell angefertigt werden konnten.

Zunächst wandten wir uns an den Gouverneur, den General Carl O'Donel, erhielten aber, als wir unsere Anweisung auf die 60 Duros präsentierten, die sehr unfreundliche Antwort, dass der Betrag uns jetzt nicht ausgezahlt werden könne. Überhaupt schien der Herr Gouverneur, der nun, wie vorhin erwähnt, von Deserteuren förmlich überlaufen wurde, sich wenig für uns zu interessieren.

Während mein Kamerad sich zur Munizipalität[27] begab, um für uns Quartierbillets zu besorgen, ging ich, missmutig über den vom Gouverneur erhaltenen Bescheid in eine nahe gelegene Taverne, um mich zu restaurieren und die Rückkehr meines Freundes abzuwarten.

Ein Stabsoffizier von einem Schweizer-Regiment, der mit mir an einem Tische saß, betrachtete mich aufmerksam und fragte mich dann in spanischer Sprache, wie ich, der ich allem Anscheine nach ein Nordländer sein müsse, zu der Kleidung eines spanischen Guerillas käme?

Als ich ihm meine Verhältnisse mitteilte, schilderte er mir die Zustände der spanischen Armee mit grellen Farben, sagte aber ferner, dass in Tarragona durch epidemische Krankheiten täglich eine Menge Offiziere und Soldaten hinweggerafft würden und riet mir, unter keinen Umständen weder zu den Schweizern, noch zu der neugebildeten *Garde Wallone* überzutreten, die aus allerhand übergelaufenem Gesindel bestehe und bei der ich es schwerlich in irgendeiner Beziehung besser finden würde, als bei den Guerillas. Hätte er selbst nicht eine Frau und Kinder in Spanien, fügte er hinzu, so würde er dieses Land des fürchterlichen Elends je eher je lieber verlassen.

Dagegen gab er, als nun auch mein Freund H. hinzukam, uns den wohlgemeinten Rat, uns ungesäumt zu dem in Tarragona stationierten englischen General zu begeben und diesem unsere Dienste anzubieten, wobei wir am sichersten auf die Erfüllung des von uns gehegten Wunsches, in unser Vaterland zurückzukeh-

---

[27] Municipalität - (veraltet) Stadtverwaltung, Rathaus

ren, hoffen durften. Dieser Rat gefiel uns sehr gut, dass wir uns sogleich nach der am Hafen gelegenen so genannten Marine begaben, wo der englische General wohnte, dessen irisch klingenden Namen ich vergessen habe.

Wir fanden den General eben im Begriff, in großer Uniform zur Stadt zu gehen, wo er zu Ehren des Geburtstages Ferdinand VII. einer großen Parade beiwohnen wollte. Unser Gesuch um die Aufnahme in die englische Armee beantwortete er zwar nicht verneinend, knüpfte jedoch die Bedingung daran, dass wir ihm auch eine Anzahl Soldaten zuführen sollten, von denen er für jeden ein beträchtliches Handgeld zusicherte. In diesem Fall sei er auch befugt, uns die von den Spaniern verweigerte Gratifikation zu zahlen, ohne Soldaten könne er jedoch keine Offiziere anwerben.

Mit diesem Bescheid kehrten wir zur Stadt zurück, wo wir bei einem ehemaligen Obersten, der wegen Altersschwäche aus dem Dienst getreten war, einquartiert wurden. Der alte Mann war ein exaltierter Patriot und wütender Franzosenhasser. Seine beiden Töchter, ein paar Damen von imposanter Schönheit, teilten seine Gesinnungen und beeiferten sich, dem Wunsche des Vaters gemäß, uns Deutschen, die wir ja ihr Vaterland zu verteidigen halfen, den Aufenthalt in ihrem Hause angenehm zu machen. Von unserem Plan, Spanien zu verlassen und in englische Dienste zu treten, hüteten wir uns wohlweislich, etwas zu äußern, ließen unsere liebenswürdigen Wirtinnen vielmehr in dem Glauben, dass wir nur gekommen seien, unseren letzten Blutstropfen für die Freiheit Spaniens zu opfern.

Am anderen Tage gelang es uns, etliche vierzig westfälische Soldaten, meist von unserem früheren Regimente, die noch keine spanische Uniform erhalten hatten, für den englischen Dienst zu gewinnen. Wir führten sie zur Marine hinaus; sie wurden sogleich eingekleidet und vorläufig in dem Marinegebäude untergebracht. Die Soldaten erhielten, das ihnen zugesicherte Handgeld und auch uns wurden nun die 60 Duros und noch eine andere nicht unbeträchtliche Summe gezahlt, womit wir die Kosten unserer Equipierung bestritten.

In einigen Tagen sollten wir mit den Soldaten nach Gibraltar eingeschifft werden. Einen Tag durften wir nur noch in der Stadt bei unseren schönen Wirtinnen verweilen, dann wurden auch wir in der Marine untergebracht. Es wurde mir schwer, mich von dem alten Obersten und seinen Töchtern zu verabschieden. Der jüngsten derselben hatte ich bereits so tief in die schwarzen Augen geblickt, dass diese stolze Schönheit mich jedenfalls zu ihrem Sklaven gemacht haben würde, wäre ich nicht von einer an- deren Liebe beherrscht worden, - von der Liebe zu meinem Vaterlande, in das ich nun bald zurückzukehren hoffte.

8. Kapitel
An Bord - Der schreckliche Sturm - Auf der Insel Mallorca - Im Dienste Englands - Ich nehme meinen Abschied und will nach Hause - Erneuter Eintritt ins preußische Militär - Meine Verheiratung - Der Feldzug gegen Russland

Am Tage unserer Abfahrt von Tarragona wurde ich den verspäteten Empfang einiger Effekte verhindert, mich zur rechten Zeit auf das englische Transportschiff zu begeben, mit dem meine Freund H. und unsere Soldaten den Hafen bereits verlassen hatten. Daher musste ich an Bord eines anderen Schiffes gehen, das ebenfalls bestimmt war, 200 englische Soldaten nach Gibraltar zu bringen.

Unsere Flottille bestand aus fünf Transportschiffen, die, zum Schutz gegen französische Kaper, von einer spanischen Fregatte begleitet wurden. Das Schiff, auf dem ich mich befand, war eine portugiesische Brigantine, ein alter Kasten, aber ein guter Segler, denn in kurzer Zeit holte er die anderen lange vor uns ausgegangenen Schiffe ein.

Ein frischer Nordost trieb uns schnell dem Ziele unserer Reise zu, das wir unter so günstigen Witterungsverhältnissen in einigen Tagen zu erreichen hofften.

Am Abend des zweiten Tages trat völlige Windstille ein, auf welche aber in der Nacht ein schreckliches Gewitter und ein furchtbarer Sturm folgten. Das Schiff verlor beide Masten, wobei die aus der Höhe herabstürzenden Hölzer dicht neben mir mehrere Soldaten so erheblich beschädigten, dass zwei derselben an den Folgen der erlittenen Quetschungen binnen wenigen Stunden starben. Es war eine grauenvolle Nacht!

Der Sturm tobte mit der Gewalt eines Orkans und die haushohen Wogen erschütterten das Schiff, dass es unter unseren Füßen erdröhnte. Die Verwirrung, welche unter den für ein so kleines Schiff viel zu zahlreichen Personen entstand, war unbeschreiblich.

Das Fahrzeug, viel zu alt, um einen solchen Kampf mit den furchtbar empörten Elementen zu bestehen, wurde leck und als das Wasser allmählich in den unteren Schiffsraum eindrang, schienen selbst die verzweifelten Anstrengungen der Mannschaft an den Pumpen das Schiff vor dem Sinken nicht retten zu können.

Vergebens ließ der Kapitän Notschüsse abfeuern; keines der anderen Schiffe kam uns zur Hilfe. Was von den 200 Soldaten, die sich an Bord befanden, nicht seekrank war, musste an die Pumpen, aber das Wasser im Raume stieg dennoch immer höher und höher. Dabei wurde das entmastete Schiff wie ein willenloses Spielzeug hin und her geschleudert und unter dem Wasser der mächtigen Sturzseen fast begraben, die von Zeit zu Zeit mit rasender Gewalt über das Deck stürmten und jeden, der sich nicht an irgendeinen befestigten Gegenstand anklammerte, über Bord spülten.

Kurz vor Sonnenaufgang legte sich der Sturm etwas und die See fing an, ruhiger zu werden. Inzwischen war auch ein Notmast mit einem Segel aufgerichtet worden, so dass das Schiff jetzt, wenn auch nur notdürftig, wieder regiert werden konnte. Die ersten Stahlen der blutrot aus dem Meere emporsteigenden Sonne beleuchteten die Spitzen einer Bergesmasse, die sich einige Meilen von uns ausdehnte. Alles jubelte, aber der Kapitän schüttelte bedenklich das Haupt. Die Entfernung, meinte er, sei zu groß, das Schiff segle zu langsam und werde trotz allen Pumpens binnen einiger Stunden untergehen. Seine einzige Hoffnung setzte der Kapitän auf die anderen Schiffe, von denen sich nach seiner Meinung jedenfalls eins oder das andere in unserer Nähe befinden müsse. Nun strengte jeder seine Sehkraft an, um eines der Schiffe zu entdecken, aber vergebens.

Schon war der freudige Ausdruck auf den Gesichtern wieder dem bangen Ernst gewichen, den die Hoffnungslosigkeit erzeugte - da erschien plötzlich westlich am Horizont ein Schiff und wie sich allmählich die Nebel verteilten, zählten wir noch andere, die, wie jenes, mit vollen Segeln dem Lande zusteuerten. Nun wurde ein Notschuss nach dem anderen abgefeuert. Endlich dröhnte auch von dem größten jener Schiffe ein Schuss herüber, dann änderte es seinen Kurs, steuerte gerade auf uns zu und nach einer halben Stunde lagen wir im Schlepptau der spanischen Fregatte.

Es war ein Glück, dass wir so bedeutende Arbeitskräfte an Bord hatten, denn nur durch das unaufhörliche Pumpen und Ausschöpfen des Wassers aus dem Raume wurde das Schiff so lange über Wasser gehalten, bis die Fregatte uns in die Bucht von Palma, auf der Insel Mallorca, in Sicherheit gebracht hatte, wohin wir durch den südöstlichen Sturm verschlagen worden waren.

Sämtliche Schiffe unser Flottille hatten während des Sturmes mehr oder minder große Beschädigungen erlitten, die nun erst wieder ausgebessert werden mussten, bevor die Reise fortgesetzt werden konnte.

Während der acht Tage, die wir hier verweilten, machte ich mit meinem Freunde H. und den übrigen Offizieren häufige Ausflüge durch die sehr gebirgige Insel, deren Bewohner von auffallend gelber Hautfarbe, Musik und Gesang leidenschaftlich lieben und die trefflichsten Seeleute sein sollen.

Unsere portugiesische Brigantine hatte zu große Havarie erlitten, als dass sie hätte in so kurzer Zeit wieder seetüchtig gemacht werden können. Daher wurden die 200 Mann, welche sie so lange beherbergt hatte, auf die übrigen Schiffe verteilt. Ich kam bei dieser Gelegenheit zu meinem Freunde H. auf das englische Schiff.

Nach einer sechstägigen Fahrt ankerten wir unter dem Fort von Gibraltar, mussten aber erst die höchst langweilige Quarantäne aushalten, bevor wir an das Land gehen durften. Wir wurden samt den Soldaten in der 14.500 Fuß über dem Meeresspiegel gelegenen Festung einquartiert und verschiedenen Truppenteilen überwiesen. H. und ich kamen zur so genannten Kings Germans Legion[28].

---

[28] Die Kings German Legion, oder auch KGL genannt, wurde nach der Besetzung Hannovers, über das der englische König George III. regierte, ins Leben gerufen. In ihr sollten alle Kräfte vereinigt werden, die den Kampf mit der Waffe gegen Napoleon und seine Verbündeten aufnehmen wollten.

Die Engländer haben enorme Geldmittel auf die Befestigung des an für sich fast unüberwindlichen Felsens, auf dessen Spitze die Festung Gibraltar liegt, verwandt und so tragen denn die Natur und die Kunst dazu bei, jedes feindliche Unternehmen gegen dieselbe zu vereiteln.

Sobald wir das englische Kommando und die Eigentümlichkeiten des Exerzitiums erlernt hatten, wurden wir mit der Ausbildung der Soldaten beschäftigt. Unsere dienstfreie Zeit benutzten wir in der Regel zu Spaziergängen nach der westlich von der Festung gelegenen Stadt Gibraltar, wo wir mehr Zerstreuung fanden als in der wegen der dort herrschenden Einförmigkeit etwas langweiligen Festung.

Einmal machten wir auch in Gesellschaft mehrerer Offiziere eine Fahrt über die Meerenge von Gibraltar nach der damals von Engländern und Spaniern besetzten Festung Ceuta und von dort eine kleine Exkursion in die Umgegend. Ceuta ist eben kein bedeutender Ort und auch die nächste Umgebung bot wenig bemerkenswertes, doch war es für die meisten von uns schon interessant, einen fremden Erdteil - Afrika - zu besuchen.

Schon hatten wir sechs Wochen auf Gibraltar zugebracht, als wir den uns höchst angenehm überraschenden Befehl erhielten, uns auf das nach England bestimmte Linienschiff *Royal Souvereigne*, einem Dreidecker mit 128 Kanonen, einzuschiffen.

Die *Royal Souvereigne*, ein Linienschiff erster Klasse, führte, unsere Soldaten mit einberechnet, eine Besatzung von 1.700 Mann. Man kann von dieser enormen Menschenmenge auf die Größe des Schiffes schließen, das den Admiral T.... an Bord hatte und von einer Anzahl kleinerer Kriegsschiffe begleitet wurde.

In der Gesellschaft von sieben anderen deutschen Offizieren fehlte es mir nicht an Unterhaltung und was die Lebensweise betraf, so konnte man auf dem Lande schwerlich eine üppiger besetzte Tafel und schönere Getränke finden, als an Bord dieses Schiffes.

Am Ausgange der Straße von Gibraltar in den atlantischen Ozean lagen wir beinahe einen ganzen Tag unter völliger Windstille. Er spät nachmittags kam eine fixe Brise auf und nun ging es mit geschwellten Segeln vorwärts. Die Schnelligkeit, mit der die englischen Seeleute ihre Schiffsmanöver vollführen, erregte meine Bewunderung. Es war in der Tat ein schöner Anblick, wie sämtliche Schiffe des Geschwaders in gemessenen Distanzen voneinander entfernt, eins dem anderen in gerade Linie folgten.

Ein in bedeutender Entfernung von uns segelndes Schiff wurde von den englischen Offizieren, die es mit ihren ellenlangen Fernrohren beäugten, für einen französischen Kaper erkannt. Infolge eines von unserem Schiffe gegebenen Signals wurde sogleich Jagd auf den Franzosen gemacht, welcher der afrikanischen Küste zusteuerte. Obwohl er ein Segel nach dem anderen beisetzte, waren wir ihm kurz vor Sonnenuntergang doch so nahe, dass er jedenfalls mit Erfolg beschossen worden wäre, hätte nicht die hereinbrechende Dunkelheit ihn unseren Blicken entzogen. Die Nähe der klippenreichen Küste zwang die Engländer, mehr auf die hohe See zu halten, und so entwischte der Kaper.

Der Wind war uns so günstig, dass wir schon am anderen Nachmittage auf der Reede vor Cadix und zwar wie man uns sagte, auf derselben Stelle vor Anker gingen, wo fünf Jahre früher die berühmte Seeschlacht von Trafalgar stattgefunden hatte.

Während der fünf Tage, die wir hier zubrachten, benutzten wir fast täglich die uns erteilte Erlaubnis, Cadix zu besuchen, das schon seit acht Monaten von den Franzosen, bis dahin jedoch erfolglos belagert wurde.

Eines seltsamen Anblicks, den wir hier hatten, muss ich in der Kürze noch erwähnen. Einige hundert Mönche, meist wohlbeleibte Gestalten, verrichteten nämlich mit Hack, Spaten und Karre Schanzarbeiten und ließen es sich trotz Kutte und Kapuze wirklich recht sauer werden.

Die Fahrt nach England ging schnell und glücklich vonstatten. Mehrere Tage segelten wir angesichts der portugiesischen und spanischen Küste, als wir aber über das Kap Finisterre hinauskamen, entschwand alles Land unseren Blicken. Am Morgen des dreizehnten Tages erblickten wir die felsigen Küsten von England.

Die Fahrt durch den Kanal gewährte mir großes Vergnügen. Die Menge der hier und her kreuzenden Schiffe und die malerischen Ufer boten dem Beschauer so mannigfache Abwechslungen dar, dass ich bei dem schönen Herbstwetter oft stundenlang das Fernrohr nicht aus der Hand legte, mit Hilfe dessen ich die entferntesten Gegenstände meinem Gesichtskreise näher rückte. Um die schöne Insel Wight herum steuerte die *Royal Souvereigne* nordwärts und ging auf der Reede von Spithead vor Portsmouth vor Anker.

Nach einer dreitägigen Quarantäne durften wir Offiziere an Land gehen, unsere Soldaten mussten dagegen noch auf dem Schiffe bleiben. In ei- ner nahe am Hafen gelegenen Taverne erhielt ich durch den deutschen Wirt die betrübende Nachricht von dem Ableben unserer hochseligen Kö- nigin Louise[29]. Auch über den nicht lange vorher stattgefundenen großarti-gen Brand der Petri Kirche in Berlin[30] enthielten die englischen Zeitungen für mich sehr interessante Mitteilungen.

In Portsmouth verweilten wir drei Tage und versäumten es nicht, die Arsenale und den Kriegshafen, den ersten und großartigsten von England, in Augenschein zu nehmen.

Samt unseren Soldaten sollten wir von einer Fregatte nach der westlich von Portsmouth der Insel Wight gegenüber liegenden Stadt Limington gebracht werden, wo sich das Depot der Kings German Legion befand. Das Schiff hatte aber, sobald es die Soldaten an Bord genommen hatte, einen seiner Fahrt sehr günstigen Wind benutzt und war unter Segel gegangen, ohne unsere Ankunft von der Stadt abzuwarten.

---

[29] Die Ehefrau des preußischen Königs Friedrich Wilhelm III. war nach mehrwöchigem Krankenlager am 19. Juli 1810 auf Schloss Hohenzieritz verstorben.

[30] Diese war in der Nacht zum 20. September 1809 (!) durch einen Brand schwer beschädigt worden.

Wir wandten uns deshalb an den Gouverneur von Portsmouth und dieser bewilligte uns, da wir ohne unsere Schuld zurückgeblieben waren, Postpferde nach Limington. Wir fuhren schnell und legten diese Tour über Southampton in verhältnismäßig kurzer Zeit zurück; doch war die Fregatte mit den Soldaten schon vor uns angekommen.

In Limington hatten wir schon einige Wochen zugebracht, als wir vier Offiziere, die wir sämtlich aus Preußen waren, aufgefordert wurden, in das Korps des Herzogs Braunschweig-Oels überzutreten, dessen Depot unter dem Befehl des mir noch von der westfälischen Armee bekannten Obersten von Dörnberg auf der Insel Wight stationiert war. Dort wurde uns aber eröffnet, dass wir zu der in Spanien und Portugal operierenden englischen Armee abgehen sollten.

Den Krieg in Spanien hatte ich längst satt und weigerte mich daher um so entschiedener, an der Expedition dorthin Teil zu nehmen, als ich ja schon längst entschlossen war, nach Preußen zurückzukehren. H. und ein anderer Kamerad waren mit mir einverstanden und in ihrer Gesellschaft trat ich die Reise nach London an, wo sich der Herzog Oels aufhielt, bei dem wir um unseren Abschied nachsuchen wollten.

Bevor wir uns in London dem Herzoge vorstellen ließen, wurde uns von vielen Seiten abgeraten, in unser Vaterland zurückzukehren, wo unter den damaligen Verhältnissen sich für uns schwerlich glänzende Aussichten eröffnen würden. Auch der Herzog selbst machte uns darauf aufmerksam, doch bewilligte er uns nicht nur den erbetenen Abschied, sondern erwirkte für uns auch noch die Auszahlung unserer Gage von 18 Guineen monatlich für die nächsten drei Monate, also die Summe von 54 Guineen, als eine Vergütung auf unsere Reisekosten.

Sowohl der Herzog als auch die in seinem Salon anwesenden englischen Offiziere beehrten uns mit großer Aufmerksamkeit. Einer der letzteren, ein General, gab sich besonders Mühe, uns für den Dienst in der englischen Armee zu erhalten. Er ließ uns auffordern, wenn wir denn doch keine Lust hätten, nach Spanien zu gehen, uns nach den englischen Kolonien in Ostindien einzuschiffen, wo wir sogleich mit einer Rangerhöhung und den besten Aussichten auf ein gutes Avancement eintreten könnten.

Aber alle diese Anerbietungen, so glänzend sie immerhin sein mochten, konnten mich von dem einmal gefassten Entschluss nicht abbringen. In dem Dienst fremder Nationen so mancher Gefahr entronnen, wollte ich jetzt nicht von Neuem meiner Heimat den Rücken wenden, um in einer fremden Zone vielleicht den Einflüssen eines ungesunden Klimas zu erliegen, sondern blieb treu meinem Vorsatze: meine Kräfte meinem Könige und meinem Vaterlande zu widmen, das damals noch immer unter dem Druck eines fremden Usurpators schmachtete, der sich berufen dünkte, die ganze Welt zu regieren. Und eine gewisse Vorahnung sagte mir, vielleicht kommt bald eine Zeit, wo das Vaterland auch meinen Arm brauchen wird.

Nach einem Aufenthalt von acht Tagen verließen wir das großartige London und fuhren zu Lande auf dem rechten Ufer der Themse nach Sheerneß, wo wir uns an Bord einer englischen Kriegsbrigg begaben, die in der Nordsee und uns gelegentlich auf Helgoland absetzen sollte. Unterwegs schloss sich das Schiff indes einem Geschwader an, das bestimmt war, einige niederländische Häfen zu blockieren und eine vor Vlißingen kreuzende Fregatte abzulösen, die uns nun aufnahm und nach Helgoland brachte.

Hier erklärte der englische Kommandant sich außer Stande, für unsere Weiterreise sorgen zu können. Infolge des Kontinentalsystems, durch welches Napoleon den Engländern ihre Handelsvorteile zu entziehen trachtete, wurde auch die Elbe, wenn nicht fortwährend durch französische Kriegsschiffe, so doch durch Kaper im Blockadezustand gehalten.

Dessen ungeachtet wurde, wie bekannt ist, ein großartiger Schmuggelhandel mit englischen Waren getrieben, wofür namentlich Helgoland ein Hauptexpeditionsort war. Von hier aus wurden die unter dem Schutz englischer Kriegsschiffe transportierten Waren in kleineren Schiffen nach der Elbe befördert. Ein solches Schiff war etwa acht Tage nach unserem Eintreffen auf Helgoland für zwei Kaufleute aus Altona dorthin befrachtet worden, die uns gestatteten, die Reise dahin mitzumachen. Wir waren froh, als wir Helgoland, wo der achttägige Aufenthalt uns wegen der dort herrschenden Teuerung bedeutende Geldkosten verursachte, eines Abends verlassen konnten.

Ein günstiger Wind trieb das nicht große Fahrzeug dem Festlande zu, das wir unter dem Schutz der Dunkelheit glücklich zu erreichen hofften. Aber wir waren noch nicht weit gesegelt, als uns ein Kanonenschuss, den ein französischer Douanen-Kutter auf uns abfeuerte, zwang, die Segel zu streichen.

Wenige Minuten darauf war der Franzose seitlängs unseres Fahrzeuges und nun zweifelten wir nicht daran, dass man uns als Gefangene fortführen werde. Einer der Altonaer Kaufleute, denen, wie erwähnt, die Ladung des Schiffes gehörte, versicherte uns indes, dass wir außer aller Gefahr seien, holte eine Rolle Goldstücke hervor und steckte diese dem bereits auf die Schanzkleidung unseres Schiffes übergetretenen Douanen-Offizier in die Hand. Wenn man gewöhnlich dem Golde eine große Anziehungskraft beizulegen pflegt, so bewirkte es hier gerade das Gegenteil, denn im nächsten Moment verließ uns der französische Kutter, man möchte sagen schneller, als er gekommen war und nun konnten wir unsere Fahrt ungehindert fortsetzen.

Bei Tagesanbruch waren wir schon über die Insel Neuwerk hinausgesegelt und hatten bereits Cuxhaven in Sicht, als wir bemerkten, dass wir östlich von einem dänischen Kaperschiffe verfolgt wurden, das sich bemühte, uns die Passage in die Elbe abzuschneiden.

Unser Schiffer war nun gezwungen, westlich zu steuern, weil er meinte, dass wegen der vielen Sandbänke der tiefergehende Däne unserem flachgebauten Fahrzeuge nicht folgen dürfe. Als wir eben in den Bereich der Untiefen gelangten, war der Kaper uns bereits so nahe gekommen, dass von seinen auf uns abgefeuerten Schüssen eine Kanonenkugel durch eins unserer Segel fuhr. Gleich darauf mussten er aber seewärts steuern und nun glaubten wir uns wenigstens vor ferneren Verfolgungen sicher. Bei der eben eingetretenen Ebbe war der Wasserstand aber so niedrig, dass unser Fahrzeug auf den Strand geriet. Die Dänen bemerkten dies nicht so bald, als sie uns eines ihrer Boote nachschickten, das mit Bewaffneten angefüllt war.

Unser Schiff hatte bei einem Sturm auf See sein einziges so genanntes Heckboot verloren, daher waren wir, um nur nicht den Dänen in die Hände zu fallen, gezwungen, die Flucht mit Hilfe unserer Füße zu bewerkstelligen, wobei wir stellenweise bis unter die Arme das schlammige Seewasser durchwaten mussten, was bei der rauen Jahreszeit im September 1810 wahrlich keine angenehme Partie war. Die Eile, in der wir das Schiff verließen, war so groß, dass ich den größten Teil meiner Effekten zurücklassen musste und nur einen kleinen Koffer mit einigen Kleidungsstücken und was ich an barem Gelde besaß, mit fortschaffen konnte.

Obgleich die Küste von zahlreichen Douaniers besetzt war, gelang es doch, uns nach dem Dorfe Altenbruch durchzuschleichen, wo wir von einem Landmann einige Tage vor den daselbst stehenden bergischen Truppen verborgen wurden. Die uns zu Gebote stehenden Geldmittel halfen uns überall durch, so dass wir von guten Wegweisern begleitet auf dem linken Elbufer über Stade hinaus bis zu dem Dorfe Steinkirchen gelangten, von wo wir uns nach dem holsteinischen Dorfe Wedel übersetzen ließen. Von hier hatten wir nicht mehr weit bis Altona und schwärzten uns auch glücklich in Hamburg ein.

In einem Gasthofe würden wir sogleich die Aufmerksamkeit der französischen Polizei auf uns gezogen haben, mit der wir alle Ursache hatten, jede Kollision zu vermeiden. Wir nahmen daher unser Logis bei einem Weinhändler am Brauersgraben, an den uns einer der Altonaer Kaufleute empfohlen hatte.

Unsere Bemühungen, durch Vermittlung des preußischen Gesandten in Hamburg Pässe zu erhalten, mit denen wir den Franzosen gegenüber hätten ungeniert auftreten können, waren leider erfolglos. Nach der Versicherung des Gesandten war nur der französische Gouverneur zur Erteilung von Pässen ermächtigt und jeder durfte es nicht wagen, uns, die wir nur mit englischen Zeugnissen versehen waren, an den Gouverneur zu verweisen.

Als wir nun eines Tages, wir mochten wohl schon 14 Tage in Hamburg verweilt haben, von einem uns nachbarlich wohnenden Uhrmacher benachrichtigt wurden, dass die Polizei uns auf der Spur sei, verließen wir Hamburg noch an demselben Abend und wandten uns durch das Mecklenburgische nach Berlin.

Von einer hochgestellten Person, die ich beim Herzoge von Oels in London kennen lernte, hatte ich ein Empfehlungsschreiben an einen Professor B. in Berlin erhalten, der mit großer Bereitwilligkeit seinen Einfluss bei einigen ihm bekannten höheren Militärs für mich geltend zu machen versprach. So angelegentlich er sich nun auch für mich bei dem General von K. verwandte, so hatten seine freundlichen Bemühungen doch keineswegs den von mir gewünschten Erfolg.

Unsere Armee war damals überfüllt von überzähligen Offizieren, die zum Teil ohne Gehalt dienten und Unteroffiziere, die nur den Sold eines Gemeinen empfingen, gab es bei jedem Truppenteil die Menge. Unter solchen Umständen konnte mir nur eine Stelle eines Unteroffiziers, mit dem Traktament[31] eines Gemeinen, eingeräumt werden.

Viele meiner Bekannten schalten mich einen Toren, dass ich mein früheres höchst angenehmes Verhältnis als englischer Offizier aufgegeben hatte, um nun

---

[31] Traktament - Sold oder Löhnung, auch Bewirtung und Verpflegung

in meinem Vaterlande wieder in dieselbe untergeordnete Stellung zurückzutreten, in der ich es verlassen hatte. Manche rieten mir sogar, auf der Stelle wieder nach England zurückzukehren und von den mir dort gemachten vorteilhaften Anerbietungen Gebrauch zu machen.

Aber ich gab allen diesen Einflüsterungen kein Gehör und war es auf der einen Seite die Liebe zum Vaterlande, die mich fesselte, so hatte ich andererseits auch nicht Luft, von neuem einen so abenteuerlichen Leben entgegenzugehen, als das war, welches ich unausgesetzt geführt hatte, seit ich gezwungen war, Preußen zu verlassen. Die Kenntnisse und Erfahrungen, welche ich mir auf meinen Streifereien durch die Welt erworben zu haben glaubte, hoffte ich auch zum Nutzen meines Vaterlandes anwenden zu können und bei dem Lebensmut, der mich auch in den misslichsten Situationen nie verlassen hat, schwand mir auch jetzt nicht die Hoffnung, dass für unser damals so tief gebeugtes Vaterland eine bessere Zeit kommen werde, deren Segnungen auch mir einigen Ersatz bieten würde für das Opfer, das ich jetzt meinem Patriotismus darzubringen meinte. So trat ich denn Anfang des Jahres 1811 als Unteroffizier in das II. Bataillon des damaligen Leib-Regiments.

Aber bald sollte ich fühlen, dass es keineswegs so leicht war, mich in die untergeordnete Stellung zu fügen, die gar zu grell abstach gegen die Annehmlichkeiten, welche ich im Dienste Englands in reichem Maße genossen hatte. War das materielle Leben anbetraf, so konnte ich vor der Hand mit den aus Spanien und England mitgebrachten Ersparnissen mir noch manche Annehmlichkeit bereiten. Aber gerade der Umstand, dass ich mich pekuniär[32] in der Lage befand, eine bei meinen Kameraden vermisste Nettigkeit in der Kleidung zu behaupten, sollte dazu beitragen, mir meine Stellung sehr zu erschweren. Während mir diejenigen, mit denen ich einen Rang bekleidete, mit aller Achtung und Bescheidenheit begegneten, war es leider einer meiner Vorgesetzten, ein junger Offizier, dem es Vergnügen zu machen schien, mich bei jeder Gelegenheit auf das Empfindlichste zu demütigen. Ich war keineswegs so albern, in meiner gegenwärtigen Stellung mit meinen früheren Verhältnissen zu prahlen oder gar so taktlos, mit meinen im Auslande gemachten Erfahrungen zu renommieren[33], sondern begegnete jenem mit der meinem Range angemessenen Bescheidenheit. Nichtsdestoweniger musste aber jener Offizier ein so ungünstiges Vorurteil gegen mich gefasst haben, dass er mich, beispielsweise beim Exerzieren, nie anders bezeichnete als mit der Redensart: „Ich werde dem Korporal seine englischen Offiziersmucken austreiben!" und dergleichen mehr.

Wie tief eine solche, meines Wissens unverdiente Verhöhnung mein Ehrgefühl kränken musste, brauche ich kaum zu sagen. Ich wüsste keine Periode in meiner ganzen militärischen Laufbahn, in der ich mich unglücklicher gefühlt hätte, als in jener Zeit. Ja, ich war nahe daran zu verzweifeln, als eine auf dem dienstgemäßen Wege deshalb erhobene Beschwerde nur dazu beigetragen hatte, meine Lager noch unerträglicher zu machen. Jetzt war ich nahe daran, meine Rückkehr ins Vaterland zu bereuen, wenn ich meiner früheren angenehmen Stellung gedachte, die ich nur aufgegeben zu haben schien, um hier täglich sich erneuernde Beschimpfungen zu erdulden. Es gehörte wahrlich ein hoher Grad von Selbstüberwindung

---

[32] pekuniär - (lateinisch/ französisch) geldlich, in Geld bestehend
[33] renommieren - (veraltet) prahlen, angeben

und eine Ausdauer dazu, die mich manchmal zu verlassen drohte. Aber ich hatte glücklicherweise zu lange die Schule der militärischen Subordination durchgemacht, als dass ich mich hätte von meiner Leidenschaft übermannen lassen. Und eben diese Selbstbeherrschung ist es, in der sich der junge Soldat nicht genug üben kann, die stets ihre goldenen Früchte trägt, während die unbedachte Tat, ja selbst ein unüberlegtes Wort stets zum sicheren Verderben führt.

Eine Verbesserung meiner Lage war nur durch eine Versetzung zu erlangen. Meine Gesuche deshalb waren aber stets erfolglos, bis ich mir endlich ein Herz fasste und dem General von K. das ganze Sachverhältnis in möglichst schonender Weise vorzutragen.

Infolge des direkten Befehls des Generals wurde ich nun zum Füsilier-Bataillon des Leib-Regiments versetzt und hatte das Glück, zur Kompanie eines Hauptmanns von G.[34] zu kommen, den ich sehr bald Gelegenheit hatte, als einen Mann von seltener Rechtschaffenheit und großer Humanität kennen zu lernen.

Während Blücher das Militärkommando in Pommern führte, wurde ich dem Kommando beigegeben, das bestimmt war, der so genannten Kriegsaugmentation in Kolberg Montierungsstücke zuzuführen. Wir führten diese Effekten in großen Kähnen bis Schwedt an der Oder und da wir Stettin nicht berühren sollten, von dort per Achse nach Kolberg. Aber schon kurz vor unserer Ankunft war Blücher von seinem Posten abberufen worden und zwar auf Veranlassung Napoleons, der mit Recht in dem greisen Feldherrn seinen entschiedensten Gegner erkannte. Die Arbeiten der Kriegsaugmentation wurden eingestellt und sobald wir unsere Effekten abgeliefert hatten, kehrten wir nach Berlin zurück.

Hier hatte ich nun die Freude, von meinem menschenfreundlichen Kompaniechef mit großer Güte behandelt zu werden. Auf seine Veranlassung erhielt ich bald nach meiner Rückkehr das volle Unteroffizierstraktament, mit dem ich mich bemühte, von nun ab meine Lebensbedürfnisse zu bestreiten, um die inzwischen schon sehr verringerten Geldmittel, die ich aus England mitgebracht hatte, nicht ganz zu erschöpfen und den Rest für künftige Notfälle aufzusparen.

Waren die Erinnerungen an meine Jugendzeit immerhin schmerzlich für mich, so konnte ich doch der Sehnsucht nicht widerstehen, nach meinen Streifereien durch die Welt einmal die Gegend, in der ich meine Kindheit verlebt hatte und die Personen, denen ich damals nahe gestanden hatte, wiederzusehen.

Nach den von mir bei einigen in Berlin anwesenden Landsleuten angestellten Erkundigungen hatte mein Pflegevater seiner Torschreiberstelle zu Falkenburg niedergelegt und lebte von seiner kleinen Pension auf einem Dorfe in der Nähe jener Stadt.

Im Spätherbst 1811 erhielt ich den erbetenen Urlaub und trat die Reise nach meiner Heimat an. Fast keiner meiner Jugendgenossen erkannte mich wieder. Alle hatten mich längst tot geglaubt, da nicht die geringste Nachricht über mich zu ihnen gelangt war. Am meisten überraschte ich durch mein Erscheinen meinen Pfle-

---

[34] der Autor beschreibt hier den Capitain von Gutzmerow, der zum genannten Zeitpunkt Chef der 11.Kompanie im Füsilier-Bataillons gewesen ist.

gevater. Mit sichtbarer Freude hörte er die Erzählung meiner Erlebnisse und behauptete dann nicht ohne einen gewissen Stolz, dass ich es nur seiner Erziehungsmethode zu verdanken hätte, dass ich ein ordentlicher Mensch geworden sei.

Der alte Mann hatte mir in meiner Jugend manches bittere Leid zugefügt, doch bemühte ich mich, das Andenken daran zu vergessen. Aber ein heimliches Lächeln konnte ich nicht unterdrücken, wenn er seinen Nachbarn und Freunden gegenüber mit seinen Verdiensten um meine Erziehung prunkte, wobei mir immer seine Prophezeiung einfiel, nach welcher ich dereinst die schönste Zierde des Galgens hatte werden sollen.

Doch war ich keineswegs so boshaft, ihn an diesen Ausspruch zu erinnern, wodurch ich ihn gewiss in eine peinliche Verlegenheit gesetzt haben würde. - Seine brave alte Frau, der ich so gern einen Tribut meiner Dankbarkeit gezollt hätte, war inzwischen leider verstorben.

Trotz seines hohen Alters, er war bereits in den Achtzigern, hatte er sich noch einmal verheiratet. Eine junge Verwandte seiner Frau, die Tochter eines Landwirts, die ich hier kennen lernte, fesselte mich ebenso sehr durch ihr vorteilhaftes Äußeres, als auch durch ihr angenehmes Wesen.

Ehe ich nach Berlin zurückreiste, hatte sich zwischen uns beiden ein zärtliches Verhältnis entsponnen und da ich bereits in den Jahren war, in denen sich jedermann nach einer Lebensgefährtin sehnt, so beschloss ich, das Mädchen zu heiraten. Auf echt soldatische Manier liebte ich auch in den Angelegenheiten des Herzens eine schnelle Ausführung meines Entschlusses und da die Eltern meiner Braut in unsere Heirat einwilligten, so ging ich zu Neujahr 1812 abermals auf Urlaub und führte nach einer fröhlichen Hochzeit meine junge Frau nach Berlin. Eine gute Aussteuer brachten die Brüder meiner Frau dorthin und mit den mir noch gebliebenen Geldmitteln richteten wir uns eine, unseren bescheidenen Verhältnissen entsprechende kleine Wirtschaft ein.

Meine Frau war eine vortreffliche Wirtin; für einige Feldwebel und junge Ärzte unseres Regiments richtete sie einen Mittagstisch ein, wobei wir außer einigen baren Vorteilen das kostenfreie Mitessen hatten. So lebten wir denn ziemlich sorgenfrei und glücklich, bis im Frühjahr desselben Jahres der Krieg Frankreichs gegen Russland uns trennte.

Zu dem Hilfs-Korps, welches Preußen Napoleon zu diesem Kriege stellen musste, war auch unser Leib-Regiment[35] ausersehen und nun musste ich schweren Herzens mein junges Weib verlassen, von dem ich in der Hoffnung auf baldige Vaterfreuden schied.

---

[35] Das I. (unter Major von Zepelin), das II. (befehligt von Major von Both) und das Füsilier-Bataillon (kommandiert von Major von Reuß) bildeten das 4.kombinierte Infanterie-Regiment (unter Major von Trippelskirch, später Major von Zielinsky) der 2. Brigade der königlich preußische Truppen-Korps.

9. Kapitel
In Russland - Meine erneute Verwundung -
Ein höchst freudiger Brief - Der Winter kommt -
Die Fahrt nach Königsberg -
Lazarettaufenthalt und Entlassung als Invalide

Unser Marsch durch die Neumark und Südpreußen bot wenig Interessantes dar. Mit Widerwillen zogen wir in diesen Krieg, der den herrschsüchtigen Plänen Napoleons neue Erfolge sichern sollte und gegen einen Feind, mit dem wir uns am liebsten wieder verbündet hätten gegen die Anmaßungen unseres gemeinsamen Unterdrückers.

Aber die missliche Lage, in der sich unser Vaterland unter diesem Druck der französischen Übermacht befand, hatte unserem geliebten König den Weg vorgezeichnet, der nur geeignet war, noch größeres Unheil von unserem Vaterlande abzuwenden und der eingeschlagen werden musste, weil Napoleon noch viel zu mächtig und die Stunde noch nicht gekommen war, in der wir mit ihm abrechnen konnten. So gingen wir, wenn auch mit schmerzlichen Gefühlen, unserer Bestimmung entgegen. Galt es auch nicht einen Kampf um das Vaterland, so gebot doch die militärische Ehre, dem Befehl unseres teuren Königs willig zu folgen.

Die preußischen Hilfstruppen, mit Ausnahme des kombinierten Husaren-Regiments, welches sich bei der großen französischen Armee befand, waren bekanntlich dem Korps des Marschalls MacDonald, des Herzogs von Tarent, zugeteilt; sie wurden von dem General von Grawert geführt.

Bis sich die französische Armee einigermaßen konzentriert hatte, mussten wir einige Wochen in der Gegend des Kurischen Haffs kantonieren, wo wir uns bei einer ganz guten Lebensweise viel wohler fühlten, als auf dem Marsch durch den südlicheren, mehr polnischen Teil Altpreußens.

Demnächst wandten wir uns durch das Litauische nach Tilsit, gingen über den Njemen und erwarteten nun, auf die Russen zu stoßen; diese aber schienen aber geflissentlich jeder Begegnung auszuweichen und zogen sich zurück.

Bald nach unserem Eindringen ins Russische brachten unsere Vorposten einige Kosaken ein, die als die ersten russischen Gefangenen von unseren Soldaten gleich Wundertieren bestaunt wurden. Einem alten Kosakenunteroffizier waren bei seiner Gefangennehmung von einem Soldaten sämtliche Orden und Ehrenzeichen abgenommen worden, unter denen sich auch die preußische silberne Medaille, die er sich bei Eylau erworben hatte, befand.

Als nun die Gefangenen unserem Kommandierenden vorgestellt wurden, beklagte sich der alte Kosak mit Hilfe eines Dolmetschers über den Verlust seiner Orden, die ihm auf den ausdrücklichen Befehl des Generals, der dieses Unrecht streng tadelte, sogleich zurückgegeben werden mussten. Der alte Unteroffizier vergoss Freudentränen, als er die Orden wieder in seinen Händen hielt, er drückte einen nach dem anderen mit wahrer Inbrunst an seine Lippen. Teurer aber als seine russischen Orden schien ihm der preußische zu sein; denn jene befestigte er wieder an seiner Brust, diesen aber verbarg er sorgfältig in einer Tasche und wollte sich allen Zuredens ungeachtet nicht entschließen, ihn neben den anderen zu befestigen, weil er fürchtete, dass er ihm abermals genommen werden könnte.

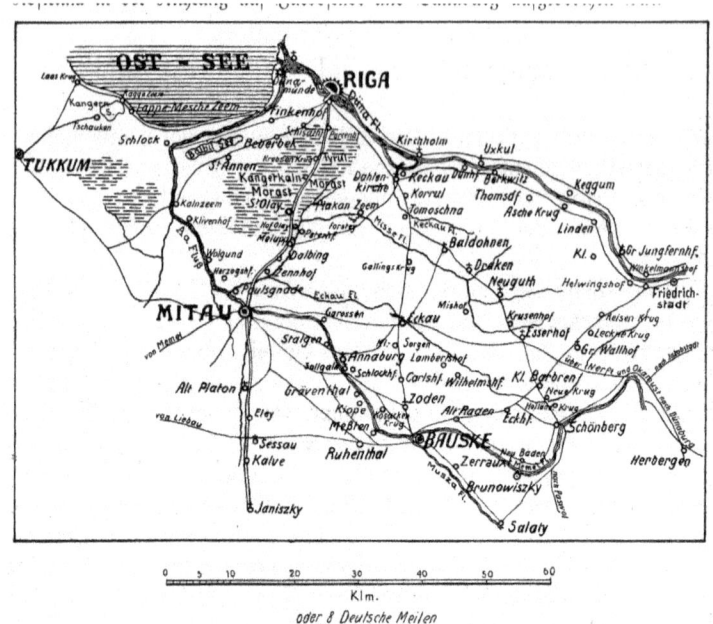

Übersichtskarte des Feldzugs 1812

Diese gewiss ungeheuchelte Pietät, welche durch die Kindlichkeit, in der sie sich äußerte, seltsam kontrastierte zu den gefurchten Wangen des alten Kosaken, machte auf alle Umstehenden einen wahrhaft rührenden Eindruck und konnte nur dazu dienen, von Neuem den Schmerz anzuregen, der uns seit dem Beginn dieses traurigen Feldzuges beherrschte. Ich brauche kaum zu erwähnen, was sich von selbst versteht, dass nämlich den russischen Gefangenen die humanste Behandlung zuteil wurde.

Wir waren schon bis Pictupöhnen im russischen Litauen vorgedrungen, als wir Befehl erhielten, uns nach Memel zu wenden. Auf dem Marsche dorthin kamen wir durch Libau, das von einem ziemlich starken Kommando unseres Regiments unter dem Befehl eines Hauptmanns[36] besetzt wurde, auf dessen Wunsch ich bei diesem Kommando bleiben musste. Wir hatten hier freundliche Wirte und gute Quartiere, wurden aber zu unserem Bedauern bald von einem anderen Kommando

---

[36] gemeint ist hier der Hauptmann von Kesteloot, der mit einem Kommando von 100 Mann dort zurückgelassen worden war.
(Tagebuch des Königlich Preußischen Armeekorps unter dem Befehl des Generallieutenants von York im Feldzuge von 1812. Berlin & Posen, 1823. 1.Band, Seite 214)

abgelöst und mussten dem Regiment wieder folgen, das in und bei Mitau stand, wo es inzwischen schon mit den Russen zu kleinen Gefechten gekommen war. Darauf gingen wir über die Aa nach Peterhof, wo unsere Truppen ein Lager bezogen hatten.

Die Russen hatten sich nach mehreren kleinen, für sie ungünstigen Gefechten hinter die Düna zurückgezogen, drangen aber wieder aus Riga hervor und nun kam es bei Messothen zu einem Gefecht. Obwohl wir den Russen fast überall erfolgreich das Terrain streitig machten, war der Kampf doch keineswegs entschieden, als der Abend hereinbrach. Fast die ganze Nacht hindurch wurde von beiden Seiten ein ziemlich lebhaftes Feuer unterhalten, doch waren auch die Erfolge dieses nächtlichen Kampfes so ungenügend, dass derselbe am nächsten Morgen mit erneuter Heftigkeit fortgesetzt wurde. Bei dem Garossenkruge standen wir Vormittags im heftigsten Feuer.

Wir hatten hier dem günstiger postierten und an diesem Punkte viel zahlreicheren Feinde gegenüber einen harten Stand; aber unsere Soldaten schlugen sich mit einer Bravour, als gelte es die Scharten von 1806 auszuwetzen und durch das wirksame Feuer einer unserer Batterien unterstützt, neigte sich der Vorteil auf unsere Seite. Unser braver Hauptmann von G,. der die erste Tirailleurlinie kommandierte, ermunterte die Soldaten durch die beispiellose Unerschrockenheit, mit der er sich fortwährend dem stärksten Kugelhagel aussetzte, zu immer mutigerem Kampfe.

In demselben Moment, als er sich zu mir wandte, um mir einen Befehl zu übertragen, traf mich eine Gewehrkugel an die Hüfte, die mir so fürchterliche Schmerzen verursachte, dass ich mich nicht von der Stelle bewegen konnte und ich mich für schwer verwundet halten musste. Bei näherer Betrachtung ergab sich indes, dass ich doch nur von einem Prellschuss getroffen worden war, der mir wohl eine heftige Kontusion des Hüftknochens, aber nicht den geringsten Blutverlust verursacht hatte. Der Hauptmann von G. stand noch neben mir und wünschte mir Glück, dass ich so wohlfeilen Kaufs davon gekommen war, als ich mich von einer zweiten Kugel getroffen fühlte, die wohl meine rechte Wade zerfleischte. Nun musste ich die Feuerlinie verlassen; meine Wunde wurde oberflächlich verbunden und ich, unvermögend zu gehen, auf dem Protzkasten einer demontierten Kanone zurückgebracht.

Tags darauf kam ich mit vielen anderen Blessierten in das Lazarett, das im Schlosse zu Mitau errichtet worden war. Ein Stabsoffizier vom Leib-Regiment, der als Kommandant von Mitau fungierte, hatte sehr wohlwollende Gesinnungen gegen mich und gestattete, dass ich ein gutes Quartier in der Stadt beziehen durfte, was mir große Annehmlichkeiten gewährte, weil das Lazarett von Kranken überfüllt war.

Meine Blessur heilte außerordentlich gut und schon nach sechs Wochen konnte ich dem Regimente folgen, das, zur Brigade des Obersten von Horn gehörig, in der Gegend von Ruhenthal stand, wo der zu den Operationen gegen Riga bestimmte Belagerungspark aufgestellt war.

Die ungünstige Stellung, welche unsere Truppen in der von Morästen durchschnittenen Gegend bei Tomoschna einnahmen, ermutigte die Russen, welche zur

See bedeutende Verstärkungen erhalten hatten, zu einem Unternehmen, das nichts geringeres bezwecken sollte, als die Wegnahme unseres Belagerungsparks, dem es überdies auch an der Bespannung fehlte.

Am 24. September brach der Feind in dieser Absicht aus Riga hervor und griff uns bei Tomoschna mit bedeutender Übermacht an. Anhaltendes Regenwetter hatte die sumpfige Gegend nur noch grundloser gemacht, so dass wir unseren Rückweg hinter den Fluss Eckau nur auf einem in der Eile hergestellten Knüppeldamm bewerkstelligen konnten.

Am nächsten Tage rückten wir in Mitau ein. Alle waren durch die furchtbaren Anstrengungen des forcierten Marsches auf den größtenteils grundlosen Wegen so ermattet, dass die Nachricht, wir sollten in Mitau einquartiert werden, mit großer Freude begrüßt wurde. Ehe wir aber die Quartiere bezogen, wurden wir durch die nachrückenden Russen alarmiert und erhielten den Befehl, die Stadt schleunigst zu räumen.

Der General York von Wartenberg, welcher seit Anfang September an der Stelle des erkrankten Generals von Grawert den Oberbefehl erhalten hatte, gab Mitau den Russen preis, er beschränkte sich auf die Verteidigung des Übergangs über die Aa und suchte sein Korps zum Schutz des wichtigen Belagerungsparks bei Ruhenthal zu konzentrieren.

Als die Nacht hereinbrach, wurde hinter uns der Horizont von einem furchtbaren Feuer gerötet und bald kam die Nachricht, dass der Brückenkopf bei Mitau in Brand gesteckt worden sei. Die Truppen waren so ermattet, dass ihnen eine kurze Rast gestattet werden musste. Während diesem Rendezvous überbrachte nur der Bataillons-Adjutant einen Brief, der mit der Feldpost für mich angekommen war. Lange schon hatte ich von meiner Frau kein Schreiben erhalten und da ich vermutete, dass mir dieser Brief die Nachricht über ihr Befinden geben werde, so eilte ich in ein nahe gelegenes Bauernhaus, in dessen Inneren ich ein Licht brennen sah, um bei dem Schein desselben meinen Brief zu lesen. Das Gebäude war von seinen Bewohnern verlassen und in der von allen Gerätschaften entblößten Stube fand ich nur eine in einen Mantel gehüllte Person auf einem Strohlager ausgestreckt, neben dem eine Laterne auf dem Boden stand, die das Gemach nur spärlich erleuchtete.

Ohne mich um die schlafende Gestalt weiter zu kümmern, kniete ich neben der Laterne nieder, um den Brief zu lesen, der wirklich von meiner Frau war und dessen Inhalt mich mit großer Freude erfüllte. Während ich nun weiterlas, vernahm ich eine Stimme des neben mir Liegenden, der mich in einem höchst gemütlichen Tone fragte: „Nun, Kamerad, ein Brief von der Liebsten?"

Ohne mich um nach dem Frager umzusehen, erwiderte ich: „Nein, von meiner Frau."

„Und was schreibt sie denn?", fragte jener weiter.

„Dass sie von einem Jungen entbunden ist", gab ich zur Antwort.

„Schade", sagte der andere, „dass wir im Felde sind, sonst möchte ich mich selbst bei dem Jungen zum Gevatter bitten."

Ich hatte keine Veranlassung, hierauf etwas Verbindliches zu erwidern, sondern las ungestört weiter in meinem Briefe.

Gleich darauf trat aber ein Adjutant ins Zimmer, der sich mit den Worten an meinen Nachbarn wandte: „Herr General, die Frist des Rendezvous ist vorüber und es ist Zeit wieder aufzubrechen."

Ich erschrak nicht wenig, sprang schnell auf und erkannte nun den General von Kleist, der sich ebenfalls erhoben hatte und nun, über meine Verlegenheit freundlich lächelnd, mir gegenüber stand. Er ließ mir kaum Zeit, mich wegen meines Eindringens in das Zimmer und wegen der unpassenden Manier, mit der ich seine Fragen beantwortet hatte, zu entschuldigen, sondern versicherte, dass ihn meine Ungeniertheit belustigt und er an der ihm mitgeteilten frohen Nachricht freudigen Anteil genommen habe.

Die Nacht hindurch wurde weiter marschiert, bis wir uns bei Ruhenthal mit dem Gros des Korps vereinigten.

Am 29.September bemächtigten sich die Russen des Übergangs über die Aa und griffen uns von zwei Seiten an. Er wurde mit großer Erbitterung bis in die Nacht hinein gekämpft: endlich war der Sieg unser und die Russen wurden über die Aa zurückgetrieben.

Am folgenden Tage wurde das Gefecht auf beiden Seiten des Flusses erneuert und als nun das Terrain auch die Beteiligung unserer Kavallerie gestattete, mussten sich zwei russische Jäger-Bataillone[37] als Gefangene ergeben.

Am 01.Oktober wurden die Russen von dem rechte Ufer der Aa vertrieben, Mitau wurde wieder eingenommen und der Feind zum Rückzuge nach Riga gezwungen. Die Russen hatten bei diesen Gefechten große Verluste erlitten, indes waren auch von den Unsrigen gegen 1.000 Mann außer Gefecht gesetzt worden.

Die Belagerung von Riga, zu der nun geschritten wurde, konnte der vorgerückten Jahreszeit wegen um so weniger mit Erfolg fortgesetzt werden, als den Russen immer noch die Verbindung mit der See offen stand. Bei den vielen Hin- und Hermärschen litten unsere Truppen entsetzlich durch die ungünstige Witterung, besonders aber durch den sumpfigen Boden, auf dem wir biwakieren mussten. Es entstanden bösartige Krankheiten und dies bestimmte den General York, die Belagerung von Riga auf eine Beobachtung zu beschränken und mit den Truppen bis hinter Eckau zurückzugehen. Die Russen machten häufige Ausfälle, wurden aber stets mit Verlust zurückgeschlagen.

Der Winter des denkwürdigen Jahres 1812, der sich mit sehr seltener Strenge ungewöhnlich früh einstellte, war bekanntlich der Hauptfeind der kolossalen Truppenmasse, die Napoleon nach Russland geführt hatte. Schon gegen Ende Oktober litten auch wir an der bittersten Kälte, gegen welche die uns gelieferten Schafpelze wenig schützten, da wir fortwährend unter freiem Himmel biwakieren mussten.

---

[37] Es waren dies Teile des 3.russischen Jäger-Regiments und des Reserve-Bataillons des 5.russischen Jäger-Regiments.
(Tagebuch des Königlich Preußischen Armeekorps unter dem Befehl des Generallieutenants von York im Feldzuge von 1812. Berlin & Posen, 1823. 2.Band, Seite 91)

Jedenfalls brach infolge der fortwährenden Anstrengungen und der strengen Kälte meine allzu schnell zugeheilte Fußwunde wieder auf und nahm einen so bösartigen Charakter an, dass ich in ein so genanntes ambulantes Lazarett gebracht werden musste. Hier wurde ich noch dazu von dem allgemein herrschenden Lazarettfieber[38] befallen und musste in dem elendesten Zustande mit einem Leidensgefährten in einem kleinen russischen Schlitten nach Königsberg in Preußen gefahren werden. Die Erinnerung an diese Reise ist eine der traurigsten meines ganzen Lebens. Zu den Schmerzen meiner aufgebrochenen Wunde, auf welche nun die strenge Kälte den nachteiligsten Einfluss übte, gesellte sich noch ein Geschwür, das sich an dem unteren Teile meines Hinterkopfes zu einer fast kolossalen Größe ausbildete und mich neben den furchtbaren Qualen des Fiebers auf eine schreckliche Weise peinigte.

In Königsberg hatte man, um nur die Kranken unterzubringen, neuerbaute Speicher zu Lazaretten einrichten müssen. In eins dieser Gebäude brachte man auch mich, doch wüsste ich mich kaum eines ungesunderen Aufenthalts zu entsinnen. Bei Tage wurden die weiten Räume von einer Menge eiserner Öfen bis zu einem fast unangenehmen Wärmegrade aufgeheizt, der aber in der Nacht, wo man die Heizung vernachlässigte, einer so furchtbaren Kälte wich, dass die noch nicht ausgetrockneten Wände morgens vom Eise erglänzten.

Es war fast kein Blessierter, der nicht auch von dem verheerenden Lazarettfieber befallen worden wäre, wovon nur wenige wieder genasen. Ich war einer dieser Glücklichen, was ich nach Aussage der Ärzte hauptsächlich der Entstehung jenes kolossalen Geschwüres zu verdanken hatte, mit dessen Abheilung ich auch vom Fieber befreit war. Nicht so gut stand es aber mit meiner Wunde, die besonders dadurch sehr verschlimmert wurde, dass mir beide Füße total erfroren waren.

Nach einem dreimonatigen qualvollen Krankenlager konnte ich endlich mit Hilfe einer Krücke das Bett verlassen; als ich aber nach meinen Effekten fragte, erwiderte man mir, dass ich außer dem alten Pelz, in dem ich angekommen war, nichts mitgebracht habe. Jedenfalls hatten ruchlose Hände mir auf der Reise mein sämtliches Gepäck gestohlen, wovon ich in meinem kranken Zustande freilich nichts bemerkt hatte. Die Kleider, welche ich auf dem Leibe hatte, waren bereits in so desolaten Zuständen, dass ich mich schämte, darin über die Straße zu gehen und als ich mich in einem Kaufmannsladen in einem Spiegel sah, erschrak ich selbst über meine in förmliche Lumpen gehüllte Jammergestalt mit dem von der Krankheit abgezehrten Gesicht.

Entsetzt über den Eindruck, den meine eigene Erscheinung auf mich machte, wankte ich an meiner Krücke durch die Straßen Königsbergs, bis ich an den so genannten Königsgarten kam, wo ich ein russisches Infanterie-Regiment aufgestellt fand.

Napoleons Glückssonne war inzwischen untergegangen und die Reste seiner unüberwindlich geglaubten Armee flohen westwärts vor den sie verfolgenden

---

[38] Lazarettfieber, auch Hospitalfieber genannt. Kollektivbezeichnung für Hospitalbrand, Pyämie, Rose und Flecktyphus, sofern diese Krankheiten in überfüllten und schlecht ventilierten Hospitälern vorkommen.

Russen. Ein russischer Offizier, der auf meine Jammergestalt aufmerksam wurde, fragte mich, ob ich ein Preuße oder ein Franzose sei und ich erwiderte, dass ich ein Preuße sei, der an seiner Blessur und dem bösen Fieber drei Monate lang im Lazarett gelegen habe und um seine ganze Habe gekommen sei. Da gab mir der Russe nicht nur sein lebhaftes Mitleid zu erkennen, sondern veranstaltete sogleich für mich bei seinen Kameraden eine Kollekte, deren Ertrag er mich freundlich bat anzunehmen. Für dieses Geld kaufte ich mir einige Kleidungsstücke, in denen ich mich doch nicht zu schämen brauchte, anständigen Leuten unter die Augen zu kommen.

Die Ärzte hatten meine Invalidität attestiert und schon war mir ein Postfreipass zur Reise nach Berlin ausgewirkt worden, wohin ich mich begeben wollte, sobald mein Gesundheitszustand es gestatten würde.

Eines Tages hatte ich die Freude, einen Premier-Lieutenant von B. vom Leib-Füsilier-Bataillon zu begegnen. Erst als ich ihm meinen Namen nannte, erkannte er mich und war höchst erstaunt, mich wieder zu finden, da man mich bereits zu den Toten gezählt hatte.

Der Lieutenant von B. war zum Exerzier-Depot nach Königsberg kommandiert worden und klagte mir seine Not, dass man ihm Unteroffiziere beigegeben habe, die fast sämtlich unfähig seien, dem Dienst vorzustehen. Obwohl ich, wie erwähnt, schon Invalide war, ließ ich mich doch dazu bereden, einstweilen den Dienst eines Feldwebels zu verrichten, wozu Herr von B. unter seinen Unteroffizieren kein passendes Individuum hatte finden können.

Demgemäß stellte er mich dem General von T. vor, der meinen Entschluss, mich bei der Ausbildung der jungen Mannschaften zu beschäftigen, lobte.

In der Nähe der Wohnung des Lieutenants von B. erhielt ich nun ein gutes Quartier und beschäftigte mich meist zu Hause mit der Anfertigung der Listen und überhaupt mit den schriftlichen Arbeiten, welche die Hauptobliegenheiten eines Feldwebels ausmachen.

Die gute Pflege, welche mir in meinem Quartier zuteil wurde, wirkte wunderbar auf die Wiederherstellung meiner Gesundheit; meine Wunde war nach einigen Wochen so gut geheilt und der Frost aus meinen Füßen entfernt, so dass ich die Krücke wegwerfen und mich wieder meiner Beine wie früher bedienen konnte, als unser hochseliger König jenen denkwürdiger Aufruf vom 17. März 1813 erließ, in welchem er sein Volk zu den Waffen rief, um die Ketten der französischen Tyrannei zu zerbrechen.[39]

---

[39] den genauen Wortlaut des Aufrufs: „An mein Volk" siehe Anlage 3, Seite 109

10. Kapitel
Ich trete wieder in die Armee ein - Die Kämpfe 1813 - Zwei Verwundungen - Wieder französischer Gefangener - Die Belagerung von Wittenberg - Befreiung und weitere Kämpfe gegen Napoleon - Mein Rückzug ins Privatleben

Die erhebende Begeisterung, mit der dieser königliche Aufruf vom ganzen Volke jubelnd begrüßt wurde, ergriff auch mich mit so unwiderstehlicher Gewalt, dass ich mich entschloss in die Reihen derer zu treten, die den Ruhm haben sollten, das Vaterland von einem unwürdigen Joche zu befreien.

Zwar rieten mir einige Freunde, meine immer noch sehr geschwächte Gesundheit zu bedenken und statt von neuem den Strapazen des Kriegs entgegen zu gehen, lieber von dem bereits erworbenen Rechte meiner Invalidität Gebrauch zu machen. Aber ich wies diesen Rat, so gut er auch gemeint sein mochte, mit Entschiedenheit zurück und meldete mich zum definitiven Eintritt in die Armee. Man nahm mich um so bereitwilliger auf, als sich bei der bereits eingeleiteten Organisation des Heeres der Mangel an dienstgeübten alten Soldaten sehr fühlbar gemacht hatte.

Als nun bald darauf aus unserem Exerzier-Depot das 1.litauische Reserve-Füsilier-Bataillon[40], unter dem Befehl des Majors von Lettow gebildet wurde, trat ich als Feldwebel und zwar zu der von dem oben genannten Lieutenant von B. geführten Kompanie über. Während wir mit der Mobilmachung alle Hände voll zu tun hatten, fand mein Diensteifer die Anerkennung meiner Vorgesetzten, von denen höheren Orts meine Beförderung zum Offizier erbeten wurde.

Ende April verließ das Bataillon Königsberg und während wir in forcierten Märschen nach Berlin gingen und ich bereits den Dienst eines Seconde-Lieutenants versah, wurde ich unterwegs von dem Bataillonskommandeur mit dem für mich ausgefertigten Offizierspatent überrascht. Hoch erfreut über diese Beförderung kam ich nach Berlin, wo ich mich beeilte meine Frau aufzusuchen, von der ich seit jener Entbindungsanzeige keine Nachricht erhalten hatte, aber wer beschreibt meinen Schmerz? - Sie war samt meinem Sohne nicht mehr unter den Lebenden. Ein Brief, welchen man mir mit dieser Trauerbotschaft nach Kurland nachgeschickt hatte, war nicht an mich gelangt, weil man mich beim Regimente, wie schon erwähnt, zu den Toten zählte. In dieser Trauer um den Verlust meiner geliebten Frau und des Kindes, das ich nicht einmal hatte sehen sollen, verließ ich Berlin nach einem Ruhetage.

Wir marschierten nach der Gegend von Cottbus, wo der General von Bülow dem Marschall Oudinot gegenüberstand. Von Feinde gedrängt kamen wir in der

---

[40] aus dem genannten Bataillon wurde am 01.Juli 1813 das Füsilier-Bataillon des 1. Reserve-Regiments, welches dann am 25.März 1815 die Bezeichnung 13.Infanterie-Regiment erhielt.

Nacht vom 03. auf den 04.Juni nach Luckau, wo am anderen Morgen die Affäre begann.

Die Gefechte und Schlachten des Befreiungskrieges sind so vielfach und so ausführlich beschrieben worden, dass ich mich nur auf eine Beschreibung des allgemein Bekannten einlassen könnte und da ich weit davon entfernt bin, meinem Buche irgendeine militärgeschichtliche Bedeutung beizulegen, so werde ich dem geehrten Leser nur dasjenige vorführen, was mich persönlich betrifft, wozu ich um so mehr verlasst werde, als der für meine Biografie bestimmte Umfang mich zur Kürze mahnt.

Das Gefecht von Luckau war ein sehr blutiges. Zweimal wurden von unseren Soldaten frische Patronen gefasst. Der Sieg war unser, doch musste er mit teuren Opfern erkauft werden. So verlor auch unsere Kompanie ihren Führer, den braven Lieutenant von B., der fast in demselben Moment samt seinem Pferde erschossen wurde, wo ich ihm meine Feldflasche reichte. Leider hatte er meinen dringenden Bitten, sich in dem heftigen Tirailleurfeuer nicht zur Zielscheibe der feindlichen Schützen zu machen und lieber vom Pferde herabzusteigen, kein Gehör gegeben. Ich verlor in ihm einen aufrichtigen Freund und wohlwollenden Vorgesetzten.

Ein anderer Kamerad wurde bald darauf erheblich blessiert und nun blieb ich als der einzige Offizier bei der Kompanie, deren Reihen sehr gelichtet worden waren.

Ich hatte an diesem Tage das Glück, von den feindlichen Kugeln verschont zu bleiben und wurde selbst von einer derselben nicht getroffen, die mir ganz besonders zugedacht war.

Als ich nämlich meinen Zug zwischen den Gärten von Luckau von Neuem ins Treffen führte, bemerkte ich seitwärts in einem Garten einen Franzosen, der sich soeben zur Erde bückte. Ich hielt ihn für einen Schwerblessierten, trat durch die offen stehende Tür in den Garten und fand einen französischen Sergeant-Major der Länge nach auf dem Boden liegend, das Gesicht zur Erde gewandt. Neben ihm lag sein Gewehr und sein geöffneter Tornister, aus dem mehrere Montierungsbücher herausgefallen waren. Ohne die geringste Blutspur, die auf eine Verwundung schließen ließen, zu entdecken, ermunterte ich den Liegenden zum Aufstehen, aber er gab ebenso wenig Antwort, als er überhaupt auch nur ein Glied rührte.

Mein Zug hatte sich inzwischen schon ziemlich weit entfernt, also musste ich eilen, ihm nachzukommen. Doch wollte ich mich zuvor überzeugen, ob der Franzose wirklich tot sei und versetzte ihm daher mit ganzer Kraft eine Fußtritt in das Kreuz, der einem Lebenden mindestens einen Laut entlocken musste. Er rührte aber auch nicht ein Glied seines Körpers: ich zweifelte also nicht mehr an seinem Tode und eilte nun, meine Soldaten wieder einzuholen. Als ich aber durch die Gartentüre schritt, knallte hinter mir ein Schuss und eine Kugel drang dicht neben mir in den Pfosten. Mein totgeglaubter Franzose lag noch mit seinem Gewehr im Anschlage auf den Knien, warf es aber sogleich von sich und bat um Pardon. Erbittert über seine feige Hinterlist wollte ich ihn schon mit meinem Säbel traktieren, doch kam mir der Mensch in seiner Todesangst so jämmerlich vor, dass ich ihn einem schnell herbeispringenden Unteroffizier überließ, der, sobald ich mich abwandte, den Franzosen erschoss.

Nach beendigter Affäre hatten wir noch einen höchst traurigen Anblick. Die Franzosen hatten bei ihrem Rückzuge die Kalauer Vorstadt in Brand gesteckt, in deren Gebäuden eine große Menge ihrer Blessierter, vor unseren Kugeln Schutz suchend, elend verbrennen mussten. Wir fanden die Leichen dieser Unglücklichen in einem schrecklichen Zustande. Die meisten waren förmlich verkohlt, so dass man kaum eine menschliche Gestalt mehr darin erkannte.

Während wir die fliehenden Franzosen verfolgten, kam die Nachricht von dem mit Napoleon abgeschlossenen Waffenstillstande, eine Nachricht, die von unseren siegesfrohen Truppen mit Schmerz und Missmut vernommen wurde.

Während des Waffenstillstandes lagen wir in dem Städtchen Luckenwalde, wo ich bei einem Fabrikanten eine sehr gute Aufnahme fand und von den Einwohnern überhaupt sehr viel Freundlichkeit dafür erfuhr, dass ich die Offiziere des damals mit großem Enthusiasmus organisierten Landsturms ausbildete.

Eine Kommando nach Berlin, das mir übertragen wurde, gab mir die erwünschte Gelegenheit, mich nach meinen, seit dem Tode meiner Frau in fremden Händen befindlichen Sachen umzusehen. Eine Freundin und Landsmännin meiner verstorbenen Frau, die Tochter eines Predigers, welche sich in Berlin bei einer Familie von R. aufhielt, hatte alles in Gewahrsam genommen und bei ihrer edlen, uneigennützigen Denkungsart meine Interessen gewahrt, so dass ich mich ihr für diese Beweise wahrer Freundschaft sehr verpflichtet fühlte.

Bei meiner Abreise von Berlin versprachen wir uns im Briefwechsel zu erhalten, ohne dass ich damals auch nur eine Ahnung davon gehabt hätte, dass diese Dame, die ich ihrer seltenen Herzensgüte und ihrer Tugenden wegen sehr hochschätzte, einst meine Gattin werden würde.

Beim Wiederbeginn der Feindseligkeiten ging unser ganzes Regiment vor Magdeburg zur Belagerung dieses Festung. Wir erhielten aber bald darauf Befehl, in Eilmärschen gegen Berlin vorzurücken, das von den Franzosen sehr bedrängt war.

Am 23. August kam es dann bei Großbeeren zu jener denkwürdigen Schlacht, die den Ruhm der preußischen Waffen verherrlichte. Der anhaltende Regen machte den Kampf mit dem Feuergewehr unmöglich, er musste also mit den Kanonen und mit der blanken Waffe entschieden werden und in der Tat war es eine Kanonade, wie ich mich nicht erinnere, sie in einer anderen Schlacht gehört zu haben.

Welche Begeisterung für den heiligen Kampf um die Freiheit des Vaterlandes sich unserer Truppen bemächtigte, das konnte man am besten aus der freudigen Mut ersehen, mit denen die feindlichen Batterien und die von ihnen aufs hartnäckigste verteidigten Dörfer Groß- und Klein-Beeren mit dem Bajonett erstürmt wurden. Als nun auch die Kavallerie einhieb, war der Sieg entschieden, Berlin war gerettet und zwar durch den Heldenmut seiner eigenen Landessöhne, denn die Schweden und Russen waren fast gar nicht zum Gefecht gekommen.

Die braven Berliner wussten es uns aber auch zu danken, was wir an diesem heißen Tage für sie getan hatten, denn kaum hatten sie die Siegesnachricht erhalten, so eilten sie mit einer Unmasse von Wagen voller Lebensmittel und Erfrischungen hinaus auf das Schlachtfeld, um die Truppen zu erquicken und die Verwundeten zu pflegen. Die ganze Nacht hindurch herrschte ein Jubel und eine Fröhlichkeit ohne Gleichen.

Infolge der Nachricht, dass Marschall Girard aus Magdeburg vorgedrungen sei, mussten wir nun unter dem Kommando des Generals von Hirschfeld eiligst gegen ihn aufbrechen.
Bei Hagelsberg überrumpelten wir den Feind und schlugen ihn in die Flucht. Bei einem Bajonettangriff auf eine Kolonne, welche Girard, wenn auch vergebens, uns gegenüberstellte, kamen wir mit den Franzosen so hart aneinander, dass Mann gegen Mann gekämpft werden musste. Bei dieser Gelegenheit erhielt ich einen Bajonettstich in die Lende, doch achtete ich anfangs wenig darauf und bemühte mich mit Hilfe eines Kameraden noch, unseren Bataillonskommandeur, den alten Major von R., aus dem Kampfgewühl zu schleppen, der bei dem Zusammenstoß mit den Franzosen eine heftige Kontusion erhalten hatte. Bald war aber auch ich durch den großen Blutverlust so ermattet, dass mein Bursche und ein Hornist mit davontragen mussten.

Mit großer Anstrengung brachten sie mich nach dem Flecken Görzke, wo wir Tags zuvor Quartier gehabt hatten. Mein Wirt nahm mich und einen mich begleitenden Kameraden, den Lieutenant von M., der eine Armwunde erhalten hatte, freundlich auf; da es in dem Orte aber an ärztlicher Hilfe mangelte, so wurde meine Wunde sehr bösartig. Das Bein schwoll bedeutend und ich hatte brennende Schmerzen, zu denen sich, wie bei jeder bedeutenderen Verwundung, ein heftiges Fieber gesellte. Ein Fuhrwerk, das uns hätte nach Brandenburg bringen können, war nicht auszutreiben, ich musste also die Nacht unter den fürchterlichsten Schmerzen ausharren.

Am nächsten Morgen kamen glücklicherweise Kosaken durch Görzke, deren Kommandeur, es war der damalige Oberst Tschernitscheff, so gütig war, uns einen Wagen stellen zu lassen, der uns nach Brandenburg brachte. Hier waren so viele französische Gefangene und Blessierte von beiden Teilen, dass wir kein Quartier finden konnten. Endlich erbarmte sich meiner ein wackerer Mann, der Kaufmann Lange, der mich in sein Haus nahm und seinen Hausarzt zu meiner Hilfe herbeirief. Von hier aus schreib ich nun an meine Freundin nach Berlin und bat sie, mir Wäsche und einige zu meiner Pflege und Bequemlichkeit notwendige Gegenstände zu übersenden. Ehe ich aber noch auf die Ankunft des Erbetenen hoffen durfte, erschien sie selbst mit allem, was nötig war, reichlich versehen und verließ Brandenburg nicht eher, als bis ich auf dem Wege der Genesung war.

Ihrer sorgsamen Pflege verdankte ich eine schnellere Heilung meiner Wunde, die durch die anfängliche Vernachlässigung den Ärzten ernstliche Besorgnisse für mich eingeflößt hatte. Ich fühlte mich diesem braven Mädchen gegenüber so sehr zu Dankbarkeit verpflichtet, dass ich mir gelobte, wenn ich glücklich aus dem Kriege heimkehren sollte, mir keine andere als sie zur Lebensgefährtin zu wählen. Wir trennten uns als Verlobte.

Sobald ich gänzlich hergestellt war, begab ich mich zum Regimente, das zur Belagerung vor Wittenberg stand. Hier blieben wir indes nicht lange, sondern brachen gegen Magdeburg auf, von wo wir nach verschiedenen Hin- und Hermärschen in die Gegend von Dessau gelangten.

Am 09.Oktober wurde unser Füsilier-Bataillon nach Oranienbaum detachiert, wo sich unter dem Kommando des russischen Generals Eyloweysky ein Teil des Sackenschen Korps befand, das bestimmt war, den von den Franzosen beabsichtigte Übergang über die Elbe zu verhindern.

Mir wurde hier der Befehl erteilt, mit einem Kommando die Brücke, über welche man die Franzosen erwartete, abzubrennen, zu welchem Zwecke ich die Brennmaterialien erst in der Stadt sammeln musste. Die Kähne, mit Hilfe derer wir die Brennstoffe unter der Brücke befestigen sollten, waren von so schlechter Beschaffenheit und die Soldaten in dieser Hantierung so ungeübt, dass die Arbeit nur langsam vonstatten ging. Als nun die Franzosen wirklich gegen die Brücke anrückten, hatten wir unser Geschäft noch immer nicht vollendet und wurden endlich von einer Abteilung herbeigeholter russischer Pioniere abgelöst, denen wir denn auch mit Vergnügen die ungewohnte Arbeit überließen.

Wir folgten nun dem Bataillon, das inzwischen wieder nach Dessau aufgebrochen war, von wo es aber gleich nach unserer Ankunft nach Wörlitz zu dem dort unter dem Major Hiller von Grätringen aufgestellten Korps detachiert wurde. Die Truppen bezogen ein Biwak, ich aber musste die Nacht auf der Feldwache zubringen. Als ich am anderen Morgen zum Bataillon zurückkehrte, herrschte unter meinen Kameraden die fröhlichste Stimmung. Ein Marketender war, mit allerhand Erfrischungen reichlich versehen, soeben von Berlin angekommen und fand mit seinen Waren guten Absatz. Obwohl er mir sogar einen Brief und einige Geschenke meiner Braut aus Berlin überbrachte, die mich sehr angenehm überraschten, so konnte ich diesmal nicht mit einstimmen in die allgemeine Fröhlichkeit. Es hatte mich schon seit dem frühen Morgen ein Gefühl banger Erwartung beschlichen, dessen ich mich nicht erwehren konnte und das einer Vorahnung der unglücklichen Ereignisse glich, welcher dieser Tag mir bringen sollte.

Von meinen Kameraden wegen meiner sentimentalen Stimmung verspottet, erhielt ich den Auftrag, behufs einer Rekognoszierung den Wörlitzer Kirchturm zu ersteigen. Mit Hilfe eines guten Fernrohrs entdeckte ich bedeutende französische Truppenmassen, die, freilich noch in großer Entfernung, gegen uns anrückten. Gleich darauf erschien auch ein Adjutant mit dem Befehl, schleunigst nach Dessau zu marschieren, weil der Feind uns zu umgehen drohte; aber schon auf dem Wege dorthin wurden wir von den Franzosen hart gedrängt und kaum hatten wir noch Zeit, die Tirailleure des Bataillons herauszuziehen und mit diesen unter dem Kommando des Hauptmanns von W. das Dorf Jonitz zu besetzen, so wurden wir auch schon mit Heftigkeit angegriffen.

Wir hatten uns so günstig postiert, dass wir dem auf das Dorfe anstürmenden Feinde bedeutenden Schaden zufügten und ihn so lange beschäftigten, bis der Rückzug des Bataillons gesichert war; als wir aber einsahen, dass wir uns auf die Dauer mit dem weit überlegenen Feinde nicht messen konnten, räumten wir das Dorf und zogen uns in bester Ordnung fechtend bis an die bei einer Mühle über einen Nebenfluss der Mulde führende Brücke zurück, bei der wir das Füsilier-Bataillon von Rangow trafen, dessen Kommandeur uns erklärte, er habe Befehl, sämtliche hierher gelangende Truppen an sich zu ziehen. Um nun die Franzosen in ihrem Vordringen aufzuhalten, mussten wir die Brücke abbrechen, wobei sich der Lieutenant Fintelmann[41] mit seltener Bravour auszeichnete. Leider wurde er aber von zwei Kugeln getroffen und gefährlich verwundet.

Während des uns gelang, mit bedeutenden Opfer die Brücke abzubrechen, war der Feind unbemerkt hinter der Mühle über das Flüsschen gesetzt und griff uns nun von zwei Seiten an. Unglücklicherweise hatte es inzwischen angefangen heftig zu regnen, so dass die Gewehre unserer Soldaten nicht mehr losgingen, während die Franzosen die ihrigen unter ihren Mänteln luden und ununterbrochen ein lebhaftes Feuer auf uns unterhielten. Leider war von den Unsrigen diese Vorsicht nicht beachtet worden, in der Hitze des Kampfes war nun auch keine Zeit mehr dazu, die Mäntel abzurollen.

So trieben uns die Franzosen vor sich her bis nach Dessau, das wir aber nicht erreichen konnten, weil man die Muldebrücke bereits abgebrochen hatte. Längeren Widerstand gegen den weit stärkeren Feind war hier unmöglich; wir mussten also die Waffen strecken und wurden gefangen genommen.

Die französischen Chasseurs plünderten uns völlig aus. Mir nahmen sie nicht nur eine goldene Uhr und eine nicht unbedeutende Summe Geldes, sondern auch den Mantel, Rock und sogar die Stiefel, so dass ich in dem von dem unaufhörlich herabströmenden Regen aufgeweichten Boden in den Strümpfen einherwaten musste. Hätte mich nicht ein junger Offizier von einem polnischen Ulanen-Regimente aus den Händen dieser habgierigen Räuber befreit, so würden sie mich auch noch meiner Beinkleider beraubt haben.

Stundenlang wurden wir so bis aufs Hemd ausgeplündert, dem Unwetter preisgegeben, unter freiem Himmel stehen, bis endlich die Brücke wieder so weit hergestellt wurde, dass wir über dieselbe in die Stadt getrieben werden konnten. Es war eine große Menge von Gefangenen, denn außer unseren Tirailleurs und dem gesamten Rangowschen Füsilier-Bataillon war auch noch ein Teil der russisch-italienischen Legion den Franzosen in die Hände gefallen. Die gefangenen Offiziere allein bildeten einen ansehnlichen Haufen.

Eine mitleidige Dessauerin schenkte mir ein paar Pantoffeln und einen Taler. Ich wartete nur auf eine günstige Gelegenheit, um den Franzosen zu entwischen; aber die Bitten den Hauptmanns von W., eines alten, schwächlichen Mannes, der mich beschwor, ihn nicht zu verlassen, bestimmten mich, zu bleiben.

Von Dessau wurden wir, sämtliche Gefangene, von französischen Dragonern in das Lager des Korps Ney eskortiert, wo wir den französischen Soldaten als Trophäen gezeigt wurden.

Die Nacht mussten wir unter freiem Himmel kampieren. Was ich in dieser kalten, regnerischen Herbstnacht ausgestanden habe, vermag ich kaum zu beschreiben. Die Pantoffeln hatte ich in dem tiefen Kot verloren und halbnackt wie ich war, litt ich fürchterlich unter der eisigen Kälte, gegen die ich mich keinen Augen-

---

[41] er überlebte seine schwere Verwundung und wurde später Oberförster in Thiergarten bei Berlin.

blick schützen konnte. In solchen Momenten des Kriegslebens kann man den Mut und die Ausdauer des Soldaten besser erproben, als in dem wildesten Kampfgewühl. Leider muss ich bekennen, dass es unter uns einige Schwächlinge gab, die in dieser schauerlichen Nacht feige und gottlos genug waren, ihr eigenes Dasein zu verfluchen und Gott zu lästern, der doch in seiner unermesslichen Weisheit uns diese freilich harte Prüfung auferlegt hatte.

Die folgende Nacht kampierten wir bei Wörlitz, in derselben Gegend, wo ich kurz vorher auf Feldwache gewesen war und erst am nächsten Tage gelangten wir nach Wittenberg. Hier brachte man uns zunächst auf das Rathaus, später aber in das Schloss, wo wir Offiziere zu Dutzenden in einigen Zimmern untergebracht wurden. Ein Füsilier, den ich seiner Treue und Anhänglichkeit wegen später zu meinem Burschen erwählte, hatte zwei Louisdor, die in seinem Hemde eingenäht waren, gerettet. Eins dieser Goldstücke lieh er dem Hauptmann von W., das andere mir. Jener wurden von einem Menschen, dem er das Gelde zum Ankauf von Lebensmitteln anvertraute, um dasselbe betrogen; ich ging indes etwas vorsichtiger damit um und kaufte mir einen alten Pelz, der mir außerordentlich gute Dienste tat.

Wie schlug uns Gefangenen das Herz, als der ferne Geschützdonner der Schlacht bei Leipzig in unsere Ohren drang. Bei der Nachricht von dem ruhmvollen Siege der alliierten Armeen verfinsterten sich die Gesichter der französischen Besatzung, wir aber dankten Gott und atmeten freier in der Hoffnung, dass nun auch bald die Stunde unserer Befreiung schlagen werde.

Zwar wurde Wittenberg nicht lange nach der Schlacht bei Leipzig von dem Tauenzienschen Korps eingeschlossen und die Belagerung begonnen, doch sollten wir, bis zur Einnahme der Festung durch unsere Truppen in Not und Elend noch bange Wochen verleben. Pferdefleisch und eine sehr geringe Quantität Erbsen waren fast die einzigen Lebensmittel, die uns Gefangenen und zwar ungekocht, verabreicht wurden. Wenn der Hunger auch die damals noch sehr herrschende Aversion gegen den Genuss des Pferdefleisches überwand, so hatte es für uns große Schwierigkeiten dasselbe zu kochen. Selbst unter den französischen Soldaten wurden zuletzt die Not so groß, dass ich einige gesehen habe, die aus dem Straßenkehricht ganz verdorbene Esswaren hervorlasen, die sie gierig verschlangen.

Infolge eines Briefes, den ich bald nach unserer Ankunft in Wittenberg an meine Braut nach Berlin geschrieben hatte, erhielt ich von ihr ein Schreiben, dem eine Summe Geldes beigefügt war, das, unter den obwaltenden Verhältnissen seltsam genug, richtig an mich gelangte und mit Hilfe dessen ich mir und meinem Leidensgefährten, dem Hauptmann von W., manchen Genuss verschaffte. Bei der herrschenden Teuerung war dieses Geld freilich bald ausgegeben und nun würden wir wieder die bitterste Not gelitten haben, wenn wir beide nicht von der Familie einer Gastwirtin auf das Menschenfreundlichste unterstützt worden wären.

Die Franzosen bewiesen sich eben nicht großmütig gegen uns, sondern behandelten uns hart und rücksichtslos. Ein junger Offizier ging sogar so weit, einmal Hand an den Hauptmann von W. zu legen und diesen alten Mann auf das Pflaster niederzuwerfen, so dass er am Kopfe erheblich verletzt wurde.

Der in der Festung herrschende Mangel veranlasste die Franzosen, die Gefangenen, vom Unteroffizier abwärts, freizulassen. Auch wir Offiziere sollten entlassen werden, doch nur unter der Bedingung, dass wir uns verpflichteten, in dem Kriege gegen Frankreich nicht wieder zu dienen. Nur ein Einziger, der freilich am Geiste wie am Körper vollständig invalide war, ging auf diese Bedingung ein, wir übrigen wiesen das Anerbieten zurück und blieben lieber Gefangene.

Als die Unsrigen nun die Festung bombardierten, mussten sie ihre Wurfgeschosse wohl absichtlich auf das über die anderen Gebäude hervorragende Schloss richten, denn mehrere Bomben schlugen bei uns ein und verwundeten einige der Gefangenen. Unsere Forderung, dass man uns in sichere Räume bringen möge, wurde anfangs nicht beachtet und so schwebten wir denn jeden Augenblick in der Gefahr, von unseren vaterländischen Bomben zerschmettert zu werden. Am Weihnachtsabend wurden wir endlich in die Kasematten gebracht.

Beinahe drei Wochen lagen wir, gegen 80 gefangene Offiziere, Preußen und Russen, in einem dunklen unterirdischen Gemach auf verfaultem Stroh und wurden ebenso von Hunger als vom Ungeziefer gepeinigt.

Endlich in der Nacht vom 12. zum 13. Januar 1814 wurde Wittenberg von den braven Preußen im Sturm genommen. Mit welchen Empfindungen hörte ich von den Wällen die bekannten Töne der preußischen Signale herüberschallen? Nun war unter den Gefangenen kein Halten mehr. Während in den angrenzenden Straßen noch gekämpft wurde, stürzten wir uns auf die Franzosen, entwaffneten sie und trugen die Gewehre zu großen Haufen zusammen. Ich erbeutete mehrere Offiziersdegen und einen kostbaren Ehrensäbel, den ich einem französischen Stabsoffizier abnahm.

Mit lautem Jubel eilten wir dem Obersten von O. entgegen, der die stürmende Brigade kommandierte, seine erste Frage war nach dem französischen Kommandanten. Wir führten ihn zur Schlosskirche, wo wir in einer bombenfesten Sakristei den General La Poipe, von einigen Offizieren umgeben, fanden. Bleich und traurig saß er da und wahrlich, es kostete ihn sichtlich die größte Überwindung, den Forderungen des Siegers Genüge zu leisten, der in ihn drang, auf das Wohl des Königs von Preußen ein Glas Wein zu leeren.

Manchem Einwohner Wittenbergs wird jene Nacht noch im frischen Andenken sein. Auf der einen Seite stürmischer Jubel, auf der anderen Angst und Besorgnis um die geringe noch übrig gebliebene Habe, waren die vorherrschenden Gefühle. Freilich war es nichts Leichtes, die durch den Siegesrausch aufgeregten Massen von Handlungen zurückzuhalten, deren Erinnerung mich mit Schmerz erfüllt. Mir gab dies aber Veranlassung, mich gegen die brave Familie, die mir so viele Wohltaten erwiesen hatte, dankbar zu zeigen, indem ich unter dem Beistande eines preußischen Hauptmanns, der mir zu diesem Zweck einige Soldaten überwies, das Haus derselben vor Plünderungen bewahrte und sogar ein paar Pferde, die der Witwe in der allgemeinen Verwirrung geraubt worden waren, der Eigentümerin zurücklieferte. Ein Offizier war so gütig, mir einen alten Uniformrock zu überlassen, den ich nun gegen meinen freilich sehr defekten Pelz vertauschte.

Einige Tage nach der Einnahme der Festung durften wir dieselbe verlassen. Ich begab mich nach Berlin, wo ich von meiner Braut mit großer Freude empfangen wurde. Aus dem Verkauf des wertvollen Ehrendegens und eines sehr schönen portugiesischen Pferdes, das ich ebenfalls in Wittenberg erbeutet hatte, löste ich eine ziemliche Summe Geldes, ich erhielt außerdem für die Zeit meiner Gefangenschaft auch das doppelte Gehalt nachgezahlt und wurde so in den Stand gesetzt, die Kosten meiner neuen Equipierung zu bestreiten.

Nach einem mehrwöchentlichen Aufenthalt in Berlin führte ich ein Kommando Ersatzmannschaften nach Quedlinburg und begab mich dann zum Regimente, das wieder vor Magdeburg stand, bald darauf aber an den Rhein marschierte.

Ich schließe hiermit die Erzählung meiner kriegerischen Erlebnisse, weil ich durch die Aufzählung unserer Märsche und der Gefechte, an denen wir uns später noch beteiligten, aus denen ich aber unverletzt und glücklich hervorging, den geehrten Leser zu ermüden fürchte.

Nachwort

Als im Jahre 1815 Europa der Friede wiedergegeben war, kehrte unser Regiment ins Vaterland zurück. Wie auf dem Marsch nach Frankreich, so war ich auch bei der Heimkehr quartiermachender Offizier des Füsilier-Bataillons.

Auf dem Marsch durch die Neumark kam ich in die Nähe meiner Heimat und konnte die Sehnsucht, meine Mutter wiederzusehen, nicht widerstehen, die den von mir eingezogenen Erkundigungen nach, sich in dem Städtchen Berlinchen aufhalten sollte.

Ich eilte dorthin und fand sie, die früher im besten Wohlstande gelebt hatte, in den dürftigsten Umständen. Seit meiner Kindheit hatte sie mich nicht gesehen und war höchst erstaunt, einen ihr unbekannten Offizier in ihrer ärmlichen Kammer vor sich zu sehen. Als ich mich ihr nun als ihren Sohn Wilhelm zu erkennen gab, wollte sie es Anfangs gar nicht glauben, dass aus jenem Knaben, dessen Erziehung so schrecklich vernachlässigt worden war, ein Mann von einer in ihren Augen bedeutenden Lebensstellung hatte werden können.

Das Erstaunen und die Überraschung der alten Frau war unbeschreiblich; ich aber fühlte mich glücklich, so situiert zu sein, dass ich die Not, der sie bisher ausgesetzt war, wesentlich lindern konnte. Ich schied von meiner Mutter mit dem Versprechen, auch ferner für sie zu sorgen; ein Versprechen, das ich nach meinen besten Kräften erfüllt habe.

In Königsberg in Preußen wurde unser Regiment, das Erste, welches aus dem Kriege dorthin zurückkehrte, zur Feier des Friedensfestes mit unbeschreiblichem Jubel empfangen. Bei einem reichen Menoniten erhielt ich hier ein so ausgezeichnetes Quartier, wie ich es während unseres Kantonnement in Mainz, wo ich in dem

Hause eines Kaufmanns höchst angenehme Tage verlebte, kaum besser gehabt hatte.

Schon hatte ich länger als ein Jahr in ganz glücklichen Verhältnissen verlebt, als ich von einem Brustübel befallen wurde, dass die Ärzte hauptsächlich den Strapazen und Erkältungen des Feldzuges von 1812 zuschrieben. Zu alle dem brach auch die in jenem Kriege erhaltene Blessur wieder auf und so wurde ich denn neun Monate hindurch an das Krankenbett gefesselt. Eine sehr langwierige Kur brachte mich endlich wieder etwas auf die Beine, als unser Regiment im Jahre 1817 die Order erhielt, nach Münster in Westfalen zu marschieren, wo es künftig garnisonieren sollte.

Ich war noch viel zu leidend, um diesen weiten Marsch mitmachen zu können und da ich überhaupt zweifelte, zum Dienste jemals wieder gesund und kräftig zu werden, so bat ich unseren Regimentskommandeur, den Herrn Oberst von Lebedur, mir Allerhöchsten Orts meinen Abschied auszuwirken. Vergebens riet er mir, meine Kameraden taten dasselbe, meine Genesung abzuwarten und fortzudienen, - mein Entschluss war einmal gefasst und so erhielt ich denn den erbetenen Abschied mit Aussicht auf Zivilversorgung und acht Taler Wartegeld monatlich.

Eine Brunnen- und Molken-Kur, der ich mich im Frühjahr 1817 unterwarf, war von wunderbarer Wirkung für meine Wiederherstellung. Schon Ende Juni war ich soweit genesen, dass ich Königsberg verlassen und mich nach Günthershagen bei Dramburg in Hinterpommern begeben konnte, wo sich meine Braut bei ihrer Familie aufhielt.

Eine Tante meiner Braut, eine wohlhabende kinderlose Witwe in Berlin, hatte uns für den Fall unserer Verheiratung nicht nur ihre Unterstützung zugesichert, sondern auch versprochen, meine Braut, als ihre nächste Verwandte, zur Universalerbin ihres nicht unbeträchtlichen Vermögens einzusetzen. Zudem durfte ich den mir höheren Orts gewordenen Verheißungen gemäß, auf eine baldige Anstellung hoffen, die mir das zur Unterhaltung einer Familie hinreichende Einkommen gewähren sollte. So schritten wir denn zur Heirat und richteten uns in Günthershagen eine kleine ländliche Wirtschaft ein.

Für das Postfach und für das Salzwesen war ich als Anstellungsberechtigter notiert, aber es vergingen volle zwei Jahre, ohne dass mir ein Amt angewiesen worden wäre. Meine wiederholten Eingaben an die Behörden wurden nicht berücksichtigt oder hatten wenigstens neue Versicherungen zur Folge. Endlich raffte ich meine geringen Mittel zusammen und reiste nach Berlin, um persönlich eine Verbesserung meiner Lage zu erwirken. Durch Vermittlung der beiden vortragenden Räte Seiner Majestät des Königs, welche mir ihr Wohlwollen zugewandt hatten, wurde mir das hohe Glück zuteil, mich Seiner Majestät mit meiner Bitte persönlich nähern zu dürfen, die zu meiner unaussprechlichen Freude gnädige Erhörung fand.

Infolge Allerhöchster Kabinetts-Order, die meine unverzügliche Anstellung bedingte, wurde mir sogleich das Postfach zu Ueckermünde mit einem Gehalt von 250 Talern jährlich überwiesen. Freilich war dieses Einkommen für den Unterhalt einer Familie sehr gering, doch trösteten wir uns mit der Hoffnung, von der Tante in Berlin reichlich bedacht zu werden.

Aber die uns zugesicherte Unterstützungen blieben aus und als die alte Frau einige Jahre später das Zeitliche segnete, war unserer in ihrem Testament gar nicht gedacht. Ein höchst unmoralischer Mensch hatte sich in das Vertrauen der altersschwachen Frau einzuschleichen gewusst, zu dessen Gunsten sie kurz vor ihrem Tode das Testament umgestoßen hatte.

Schon hatte mich meine Frau mit zwei Söhnen und zwei Töchtern beschenkt, als sie bald nach dem letzten Wochenbette von der Auszehrung befallen wurde. Ihre Krankheit war unheilbar. Nach einem langwierigen Krankenlager ging sie mir und ihren Kleinen - leider viel zu früh - verloren. Seit dieser Zeit wurde ich von harten Schicksalsschlägen getroffen, die bei meinem nur geringen Einkommen um so fühlbarer wurden.

Bei der Notwendigkeit meinen Kindern, von denen das Älteste kaum sieben Jahre zählte, eine zweite Mutter zu geben, entschloss ich mich zur dritten Verheiratung. Meine Wahl fiel auf die Tochter eines damals in Anklam wohnenden Polizeikommissars.

Zunächst starb der jüngste Sohn aus meiner zweiten Ehe an derselben Krankheit, die seine Mutter hinweggerafft hatte und von den sechs Kindern, die mir meine jetzige Frau gebar, haben wir den Verlust zweier Töchter und eines Sohnes zu beklagen.

Zweimal wurde ich selbst von hartnäckigen Krankheiten heimgesucht. Von mehreren Ärzten aufgegeben, war ich dem Tode nahe, aber der Allgütige erhielt meiner Familie den Ernährer.

Seit 30 Jahre verwalte ich nun mein Amt, wie ich mir schmeicheln darf, zur Zufriedenheit meiner vorgesetzten Behörde und werde ich auch infolge der Strapazen des Krieges von körperlichen Leiden öfter heimgesucht, so hoffe ich, Dank dem Himmel, der mir eine so kräftige Natur verlieh, meinem Amte zum Wohle meiner Familie noch länger vorzustehen.

Nicht lebhaft genug kann ich es meiner hohen vorgesetzten Behörde danken, dass sie im Laufe der Zeit mein Gehalt so weit erhöhte, als der meinem Range entsprechende Etat es nur gestattet. Ganz besonders verpflichtet fühle ich mich aber auch meinem ehemaligen Regimentskommandeur, dem jetzigen General der Infanterie, Freiherrn von Quadt, der mir auch in meinem Verhältnis als Beamter durch seine warme Fürsprache große Wohltaten erwies.

So fühle ich mich denn hochbeglückt durch die Gnade Gottes, der mir nach einem so wechselvollen Leben in meinem 68.Jahre ein notdürftiges Auskommen und eine Stellung beschieden hat, wie sie wohl nur Wenige von denen erreicht haben, die wie ich ohne alle Erziehung im zartesten Alter in die Welt hinausgestoßen wurden.

Und so schließe ich denn meine Geschichte mit dem Wunsche, dass sie dem strebsamen jungen Soldaten ein Fingerzeig sein möge, wie man nur mit Fleiß, unermüdlicher Ausdauer und gewissenhafter Pflichterfüllung, vor allem aber mit wahrem Gottvertrauen alle die Hindernisse überwinden kann, welche die militärische Laufbahn zu einer der schwierigsten machen. Von den geehrten Lesern scheide ich nun mit dem innigsten Danke für die mir bewiesene Teilnahme.

.*.

Anlagen

Anlage 1

Musketier vom Infanterie-Regiment *von Arnim* (Nr.13)

Anlage 2

Offizier vom Infanterie-Regiment *von Arnim* (Nr.13)

Anlage 3

Aufruf des Königs von Preußen Friedrich Wilhelm III. "An Mein Volk!" vom 17.März 1813

An Mein Volk!

So wenig für Mein treues Volk, als für Deutsche, bedarf es einer Rechenschaft über die Ursachen des Krieges, welcher jetzt beginnt. Klar liegen dem unverblendeten Europa vor Augen. Wir erlagen der Uebermacht Frankreichs. Der Friede, der die Hälfte Meiner Unterthanen mir entriß, gab uns seine Segnungen nicht; denn er schlug uns tiefere Wunden als selbst der Krieg. Das Mark des Landes ward ausgesogen, die Hauptfestungen bleiben vom Feinde besetzt, der Ackerbau ward gelähmt, sowie der sonst so hoch gebrachte Kunstfleiß unserer Städte. Die Freiheit des Handels ward gehemmt und dadurch die Quellen des Erwerbs und des Wohlstandes verstopft. Das Land ward ein Raub der Verarmung. Durch die strengste Erfüllung eingegangener Verbindlichkeiten hoffte Ich Meinem Volk Erleichterung zu bereiten, und den französischen Kaiser endlich überzeugen, daß es sein eigener Vortheil sey, Preußen seine Unabhängigkeit zu lassen. Aber Meine reinsten Absichten wurden durch Uebermuth und Treulosigkeit vereitelt, und nur zu deutlich sahen wir, daß des Kaisers Verträge mehr noch wie seine Kriege uns langsam verderben mußten. Jetzt ist der Augenblick gekommen, wo alle Täuschung über unsern Zustand aufhört.

- Brandenburger, Preußen, Schlesier, Pommern, Litthauer! Ihr wißt, was Ihr seit fast sieben Jahren erduldet habt; Ihr wißt, was euer trauriges Loos ist, wenn wir den beginnenden Kampf nicht ehrenvoll enden. Erinnert Euch an die Vorzeit, an den großen Kurfürsten, den großen Friedrich. Bleibt eingedenk der Güter, die unter Ihnen Unsere Vorfahren blutig erkämpften: Gewissensfreiheit, Ehre, Unabhängigkeit, Handel, Kunstfleiß und Wissenschaft.

– Gedenkt des großen Beispiels unserer mächtigen Verbündeten, der Russen; gedenkt der Spanier, der Portugiesen. Selbst kleinere Völker sind für gleiche Güter gegen mächtigere Feinde in den Kampf gezogen und haben den Sieg errungen. Erinnert Euch an die heldenmüthigen Schweizer und Niederländer.

– Große Opfer werden von allen Ständen gefordert werden; denn unser Beginnen ist groß, und nicht geringe die Zahl und die Mittel unserer Feinde. Ihr werdet jene lieber bringen für das Vaterland, für Euern angeborenen König, als für einen fremden Herrscher, der, wie so viele Beispiele lehren, Eure Söhne und Eure letzten Kräfte Zwecken widmen würde, die Euch ganz fremd sind. Vertrauen auf Gott, Ausdauer, Muth und der mächtige Beistand unserer Bundesgenossen werden unsern redlichen Anstrengungen siegreichen Lohn gewähren.

– Aber, welche Opfer auch von Einzelnen gefordert werden mögen, sie wiegen die heiligen Güter nicht auf, für die wir sie hingeben, für die wir streiten und siegen müssen, wenn wir nicht aufhören wollen, Preußen und Deutsche zu seyn. Es ist der letzte, entscheidende Kampf, den wir bestehen, für unsere Existenz, unsere Unabhängigkeit, unsern Wohlstand. Keinen andern Ausweg gibt es, als einen ehrenvollen Frieden, oder einen ruhmvollen Untergang. Auch diesem würdet Ihr getrost entgegen gehen, um der Ehre willen; weil ehrlos der Preuße und der Deutsche nicht zu leben vermag. Allein wir dürfen mit Zuversicht vertrauen: Gott und unser fester Wille werden unserer gerechten Sache den Sieg verleihen, mit ihm einen sichern, glorreichen Frieden und die Wiederkehr einer glücklichen Zeit.

Breslau, den 17. März 1813.

Friedrich Wilhelm

Inhaltsverzeichnis

Vorwort	Vorwort zur Ausgabe 1850	... 3
Vorwort	Vorwort zur Ausgabe 2008	... 4
1.Kapitel	Meine Jugendzeit	... 5
2.Kapitel	Mein Leben als Soldat	... 14
3.Kapitel	Der Feldzug des Jahres 1806 - Der Rückzug nach der unglücklichen Schlacht bei Auerstedt - Meine Gefangennahme bei Lübeck - Die Flucht nach Berlin	... 24
4.Kapitel	Flucht zum Freikorps Schill - Die Kämpfe um Kolberg - Meine Gefangenennahme - erneut Kriegsgefangener	... 36
5.Kapitel	Meine Flucht und erneute Gefangennahme - erzwungener Eintritt ins französische Militär - erneute Desertion und gemeinschaftliche Flucht	... 47
6.Kapitel	Vor dem Militärgericht - Eintritt in das westfälische Militär - Nach Spanien! - Meine Verwundung	... 57
7.Kapitel	Der Rücktransport nach Frankreich - Die Amputation - Meine Rückkehr zum Regiment, die Beförderung - Erneute Desertion - Auf Seiten der Aufständischen - Neue Gefahren, eine neue Uniform	... 67
8.Kapitel	An Bord - Der schreckliche Sturm - Auf der Insel Mallorca - Im Dienste Englands - Ich nehme meinen Abschied und will nach Hause - Erneuter Eintritt ins preußische Militär - Meine Verheiratung - Der Feldzug gegen Russland	... 86
9.Kapitel	In Russland - Meine erneute Verwundung - Ein höchst freudiger Brief - Der Winter kommt - Die Fahrt nach Königsberg - Lazarettaufenthalt und Entlassung als Invalide	... 98
10.Kapitel	Ich trete wieder in die Armee ein - Die Kämpfe 1813 - Zwei Verwundungen - Wieder französischer Gefangener - Die Belagerung von Wittenberg - Befreiung und weitere Kämpfe gegen Napoleon - Mein Rückzug ins Privatleben	... 106
Nachwort		... 116
Anlage 1	Musketier des Infanterie-Regiments *von Arnim* (Nr.13)	... 123
Anlage 2	Offizier des Infanterie-Regiments *von Arnim* (Nr.13)	... 125
Anlage 3	Aufruf des Königs von Preußen Friedrich Wilhelm III. "An Mein Volk!" vom 17.März 1813	... 127

Verlagswerbung

Im Fachverlag AMon - Alexander Monschau - sind bislang folgende Bücher erschienen, bzw. sind in der Vorbereitung:

AMon00001: Des Nürnberger Feldwebels Joseph Schrafel merkwürdige Schicksale im Kriege gegen Tirol 1809, im Feldzuge gegen Russland 1812 und in der Gefangenschaft 1812 - 1814. Von ihm selbst geschrieben.
Softcover, 19 Zeichnungen, 3 Farbtafeln, 100 Seiten   11,95 €

AMon00002: Förster Flecks Erzählung von seinen Schicksalen auf dem Zuge Napoleons nach Russland und von seiner Gefangenschaft 1812 - 1814.
Softcover, 2 Uniformseiten, 84 Seiten   12,95 €

AMon00003: Ein Waterlookämpfer. Erinnerungen eines Soldaten aus den Feldzügen der königlich deutschen Legion von Friedrich Lindau, ehemaliger Schütze des 2.leichten Bataillons, Inhaber der Guelphen-, der Waterloo- und der bronzenen Verdienstmedaille.
Softcover, 1 Zeichnung, 2 Uniformseiten, 132 Seiten   12,95 €

AMon00004: Als freiwilliger Jäger bei den Totenkopfhusaren. Siebzehn Jahre Leutnant im Husaren-Regiment Blücher. Erzählungen aus Kolberger Ruhmestagen, aus dem deutschen Befreiungskrieg, aus einer kleinen pommerschen Garnison und von der Grenzwacht gegen den polnischen Aufstand 1831.
Softcover, 2 Zeichnungen, 182 Seiten   14,99 €

AMon00005:   In Vorbereitung

AMon00006: Seltsame Schicksale eines alten preußischen Soldaten. Die höchst merkwürdige Lebensgeschichte des noch als Postmeister zu Ueckermünde im Königlich Preußischen Postdienst stehenden ehemaligen Premier-Lieutenants, zuletzt im 13.Infanterie-Regiment Friedrich Wilhelm Beeger.
Softcover, 1 Karte, 2 Uniformtafeln, 116 Seiten   14,95 €

AMon00007: Erlebnisse in dem Kriege gegen Russland im Jahre 1812 vom Landbereuter Franz Krollmann, damals Musiker beim 3.westfälischen Chasseur-Bataillon.   In Vorbereitung

Verlagswerbung

AMon00008: Erzählung der Schicksale und Kriegsabenteuer des ehemaligen westfälischen Artillerie-Wachtmeisters Jakob Meyer aus Dransfeld während der Feldzüge in Spanien und Russland von ihm selbst geschrieben.
Softcover, 84 Seiten   11,95 €

AMon00009: Aus schwerer Zeit. Erinnerungen an die Drangsale und Leiden der Stadt und Festung Altdamm aus der Zeit der Franzosenherrschaft in den Jahre 1806 - 1813.
Softcover, 1 Karte, 64 Seiten   10,95 €

AMon00010: Der Galeerensklave des Kaiser. Leben und Schicksal des ehemaligen Musikmeisters im königlich preußischen 24.Infanterie-Regiment August Böck, vormaliger Trompeter im Schillschen Korps. Von ihm selbst geschrieben.
Softcover, 72 Seiten   10,95 €

AMon00011: „Ich schwöre es!" Unter der Fahne des ersten Napoleon. Jugendgeschichte des Hunsrücker Dorfschullehrers Johann Jakob Röhrig, von ihm selbst erzählt.
Softcover, 136 Seiten   14,95 €

Außerdem in Vorbereitung: weitere interessante und eindrucksvolle Memoiren und Lebensbeschreibungen, Regiments- und Bataillonsgeschichten von ausgesuchten Einheiten der napoleonischen Kriege und der Einigungskriege 1864 bis 1871.

Gerne nehmen wir von Ihnen Anregungen und auch Vorschläge entgegen, um Ihnen auch zukünftig interessante Literatur bieten zu können.

Bestellungen werden ferner gerne unter der Anschrift: Fachverlag AMon - Alexander Monschau - Broicher Weg 16, 51766 Engelskirchen oder der EMail-Adresse: FachverlagAMon@aol.com entgegen genommen.

www.ingramcontent.com/pod-product-compliance
Lightning Source LLC
Chambersburg PA
CBHW070548090426
42735CB00013B/3113